Die schönsten Pilzgerichte

Die schönsten Pilzgerichte

Pilze sind nicht nur eine Delikatesse, sondern ein gesundes Speisevergnügen. Sie sind reich an hochwertigem Eiweiß, Kohlenhydraten, Vitaminen und Mineralstoffen. Und sie machen nicht dick, denn sie sind sehr kalorienarm. Natürlich gleichen herrliche Sahnesaucen die Kalorienarmut der Pilze reichlich aus!

Wer sich mit Pilzen auskennt, wird sicher häufiger im Wald und auf der Wiese in der Pilzzeit nach diesen Köstlichkeiten suchen. Für Nichtkenner ist es empfehlenswerter, auf den Märkten oder im Gemüsegeschäft zu kaufen. Dort werden auch ganzjährig die immer beliebter werdenden Zuchtpilze angeboten. Somit ist der Pilzgenuß nicht nur auf die Pilzsaison beschränkt.

Unser kleines Pilzbrevier der bekanntesten Pilze gibt Ihnen Hinweise zu Aussehen, Geschmack und Zubereitungsart. Wir verraten Ihnen zusätzlich Tips und Tricks wie Sie die Pilze haltbar machen und aufbewahren können. Unsere goldenen Regeln für Pilzfreunde sollten Sie unbedingt beherzigen.

Dieses Buch ist kein Ratgeber oder ein Bestimmungsbuch für Pilzsammler. Es ist eine Zusammenstellung der herrlichsten Pilzgerichte, die in verführerischen Farbfotografien gezeigt werden. Lassen Sie sich von diesem phantasiereichen Kochbuch anregen und entdecken Sie neue Rezepte. Ob Sie ein feines Pilzcarpaccio, eine deftige Pilzpfanne mit Speck, mit Pilzen gefüllte Omelettes oder Pasteten, Pilztoasts, Nudelgerichte, Salate, asiatische Spezialitäten oder Suppen und Saucen suchen: Hier werden Sie fündig!

Wir wünschen Ihnen viel Spaß
und Erfolg beim Kochen

Ihre Redaktion

Was sind Pilze?
Das, was wir sammeln und zubereiten, bezeichnen wir als Pilze, obwohl es sich dabei nur um den Fruchtkörper handelt. Die Pilzpflanze selbst ist ein spinnennetzartiges Gebilde aus feinen, hellen Fäden, das als Fadengeflecht oder Myzel bezeichnet wird.

Die meisten Pilze entnehmen dem Waldboden ihre Nahrung, andere graben sich zu einer Art Lebensgemeinschaft in die Wurzeln bestimmter Pflanzen ein, wieder andere entziehen Nachbarpflanzen das, was sie an Wachstumsstoffen benötigen.

Auch Pilze verbreiten sich wie viele Pflanzen mit Hilfe des Windes, der die Pilzsporen über weite Entfernungen mit sich trägt. Auf weichem Nährboden bilden die Sporen dann Keimfäden, aus denen das fein verzweigte Myzel, die Pilzpflanze, entsteht, das verschiedengeschlechtig ist.

Um die Pilzpflanze nicht zu zerstören, darf der Fruchtkörper – Stiel und Hut – nur vorsichtig aus seiner Halterung herausgedreht oder der Stiel knapp über dem Erdboden abgeschnitten werden. Nur so kann der Pilzkörper immer wieder nachwachsen.

Die wichtigsten Pilzgruppen
Bislang sind etwa 60.000 Pilzarten bekannt, davon gehören etwa 15.000 zu den Ständerpilzen und etwa 20.000 zu den Schlauchpilzen. Allein in Mitteleuropa sind über 3.000 Großpilzarten verbreitet. Zur Gruppe der Ständerpilze gehören Blätterpilze, Röhren- oder Porenpilze, Stachelpilze, Strauch- oder Korallenpilze und Staubpilze. Zu den Schlauchpilzen zählen Becherlinge, Morcheln und Lorcheln sowie Trüffeln. Bestimmungsbücher und die entsprechend ausführliche Fachliteratur beschreiben und bebildern die verschiedenen Arten und gehen detailliert auf deren Genießbarkeit oder Giftigkeit ein.

Über das Sammeln
Pilze gelten als das „Fleisch des Waldes" und erfreuen sich im Zuge der gesunden Naturkost einer immer größeren Beliebtheit. Davon überzeugt zur Saison das reichliche Angebot auf den Märkten und in den Gemüsegeschäften. Aber auch das ganzjährige Angebot an Zuchtpilzen und konservierten und getrockneten Pilzen ermöglicht den vollendeten Pilzgenuß, wann immer man Lust dazu hat.

Eine gute Möglichkeit, Pilze kennenzulernen, ist die Teilnahme an pilzkundlichen Exkursionen, die von Naturschutzverbänden und Volkshochschulen angeboten werden. Die gefundenen Pilze werden von Gesundheitsämtern und Pilzberatungsstellen begutachtet. Erlaubt ist das Pilzesuchen, wenn man auf den Waldwegen bleibt, tut man das nicht und wird ertappt, muß man mit einer relativ hohen Geldstrafe rechnen. Ganz sicher geht man, wenn man sich beim Förster gegen eine Gebühr einen Pilzsammelschein holt.

Die beste Zeit zum Pilzesammeln sind die frühen Morgenstunden. Pilze wachsen nachts und sind dann noch fest und unversehrt. Haben Sie einen ergiebigen Sammelplatz gefunden, lohnt es sich, nach zwei bis drei Tagen wieder-

Steinpilze

zukommen, die Pilzen sind dann wieder nachgewachsen. Legen Sie die vorsichtig herausgedrehten oder abgeschnittenen Pilze in einen Korb oder einen Eimer, und decken Sie die einzelnen Lagen mit Farn ab, so schützen Sie die empfindlichen Hüte vor Beschädigungen. Verwenden Sie zum Sammeln niemals Plastiktüten, sie fördern die rasante Bakterien- und Schimmelbildung an Ihren Waldfrüchten.

Sammeln Sie nicht in der Nähe von Fabriken, Straßen und Mülldeponien, auch wenn Sie dort ein reiches, verlockendes Angebot finden. Pilze saugen Schwermetalle wie Schwämme auf und sind dann sehr ungesund.
Alte Waldgebiete mit möglichst vielen verschiedenen Baumarten sind die besten Pilzreviere, aber auch auf Wiesen und in der Heide lassen sich Pilze finden. Unter Eichen oder Kiefern wachsen Pfifferlinge, die besonders köstlich sind, wenn sie noch klein sind. Maronen wachsen neben Buchen und Tannen, unter Birken finden sich die Rotkappen, Steinpilze im Laub- und Mischwald und der Hallimasch gedeiht auf Baumstümpfen.

Was tun bei einer Pilzvergiftung?
Man kennt heute über 80 Giftpilze, wovon 20 Arten besonders gefährlich sind. Essen Sie niemals Pilze, die Sie nicht mit absoluter Sicherheit kennen. Manche Vergiftungen zeigen sich erst nach 12 bis 48 Stunden. Bei so spät einsetzenden Vergiftungserscheinungen liegt meist der Genuß des tödlich giftigen Knollenblätterpilzes vor.
Die Symptome für Pilzvergiftungen sind unterschiedlich. Sie können von Hautrötungen, Mattigkeit, Kopfschmerzen, unstillbarem Durst, Völlegefühl, Übelkeit, Erbrechen, Durchfall, Krämpfen und starken Leibschmerzen bis zu Rauschzuständen, Tobsuchts- und Ohnmachtsanfällen, Atembeschwerden und Herzanfällen reichen. In jedem Fall muß der Arzt sofort gerufen oder der Transport in ein Krankenhaus veranlaßt werden. Versuchen Sie niemals eine Selbstbehandlung, nehmen Sie jede noch so kleine Vergiftungserscheinung sehr ernst. Bis der Arzt eingetroffen ist, kann der Brechreiz des Erkrankten gefördert werden, Abführmittel wie beispielsweise Bittersalz gegeben und starker Kaffee zur Anregung des Kreislaufs gereicht werden. Bei Leibschmerzen wirken heiße Umschläge lindernd. Verabreichen Sie niemals Alkohol. Wenn sonst ein Schnäpschen für vieles hilft, in Verbindung mit Pilzvergiftungen hat er gefährliche Auswirkungen.

Keine Pilzvergiftung gleicht der anderen und jede verlangt nach besonderen Maßnahmen. Darum ist es notwendig, in Erfahrung zu bringen, welcher Pilz die Vergiftung verursacht hat. Pilzabfälle und Reste des

Pfifferlinge

Pilzgerichtes müssen sichergestellt werden, damit der Arzt in der Lage ist, spezielle Medikamente zu verabreichen.
Pilzvergiftungen können auch nach dem Genuß verdorbener Konserven auftreten, auch solche Patienten gehören sofort in die Hand des Arztes.

Manche Pilze enthalten bestimmte, schwerverdauliche Stoffe. Pfifferlinge, Falsche Pfifferlinge, Hallimasch, Täublinge und härtere Trichterlinge sollten vor der Zubereitung möglichst durch die Maschine gedreht werden, wenn sie älteren Menschen zum Verzehr angeboten werden.

Ein gesundes Vergnügen
Pilze sind gute Lieferanten für hochwertiges Eiweiß, Vitamin B2 und B3, Kohlenhydrate und Mineralstoffe wie Kalium und Phosphate. Gedörrte Pilze sind noch reichhaltiger.

Pilze können aufgrund ihres Eiweißgehaltes für manche Menschen schwer verdaulich sein. Durch starkes Zerkleinern des Pilzfleisches und längeres Kochen läßt sich dem aber gut entgegenwirken.
Da Pilze bis zu 90 Prozent aus Wasser bestehen, sind sie sehr kalorienarm.
100 Gramm haben 20 bis höchstens 45 Kalorieren.
Daher sind die würzigen Pilze hervorragend geeignet, Fleischgerichte, Suppen, Saucen und Gemüsezubereitungen zu verfeinern.

Vom Trocknen, Dörren und Einmachen

Zum Trocknen und Dörren eignen sich besonders Steinpilze, Maronen, Birkenpilze, Ziegenlippe, Sandröhrling und Butterpilze. Für das Trocknen werden die geputzten und in Scheiben geschnittenen Pilze locker auf einem feinmaschig bespannten Holzrahmen ausgelegt oder auf Schnüre aufgefädelt und aufgehängt. Geeignete Trockenplätze sind Veranden, Terrassen und Balkone sowie Dachüberhänge oder der Dachboden. Wichtig ist, daß der Trockenplatz luftig ist und die direkte Sonneneinstrahlung möglichst vermieden wird.

Gedörrt wird im Backofen bei nicht zu niedriger Temperatur und geöffneter Backofentür, damit die Feuchtigkeit entweichen kann.

Pilze kann man auch in Salz einlegen. Hierzu werden sie kleingeschnitten und im Wechsel mit Salz schichtweise in Gläsern eingelegt. Die Salzmenge ist dann ausreichend, wenn sich die Salzkristalle am Glasboden nicht mehr auflösen.

Sie können die Pilze auch in gewürztem Salzwasser kochen und das abgegossene Pilzfleisch mit Zwiebelringen in eine Marinade geben und in Weckgläser füllen, die sie dann sterilisieren.

Tips und Tricks in der Pilzküche

Wenn Sie kein exzellenter Pilzkenner sind, sollten Sie Ihre Pilze auf den Märkten oder im Gemüsegeschäft kaufen, hier haben Sie die Garantie, daß die Pilze genießbar sind. Kaufen Sie keine Pilze am Waldrand.

Frische, gute Pilze sind fest, feucht, aber nicht naß, ohne Kerben und Löcher und nicht sehr verschmutzt. Natürlich sollten sie nicht von Insekten angefressen sein.

Kaufen Sie möglichst ganze Pilze und keinen Bruch. Hier könnten weniger wertvolle Pilze beigemischt sein und Bruch können Sie selten klar identifizieren.

Bedenken Sie beim Einkauf, daß Pilze ihr Volumen während des Kochvorgang erheblich verringern.

Vor dem Kochen müssen die Pilze gründlich gesäubert werden. Entfernen Sie mit Hilfe eines spitzen Messers Erde, Blätter und möglicherweise auch Schimmel, der sich häufig am Stielende befindet. Entfernen Sie Lamellen und Fasern. Kratzen Sie die Kappen mit dem Messer ab, entfernen Sie schlechte Pilze oder Druckstellen. Der Stiel muß ebenfalls gesäubert werden. Ist er holzig, schneiden Sie ihn weg. Pilze sollten nach Möglichkeit nicht gewaschen, sondern nur mit einem feuchten Tuch abgerieben werden. Wenn Pilze unbedingt gewaschen werden müssen, tun Sie das unter fließendem Wasser. Legen

Maronenröhrlinge

Sie die Pilze dafür am besten in ein Sieb. Bei Zuchtpilzen ist es anders. Diese müssen gründlichst gewaschen werden. Danach werden sie geschält und in Wasser mit Zitronensaft getaucht, damit sie sich nicht dunkel verfärben. Lassen Sie die Pilze stets gut abtropfen und tupfen Sie sie mit einem Tuch trocken.

Frische Pilze, gleich zubereitet, schmecken natürlich am besten. Sie können sie auch luftig, aber nicht in Plastik verpackt, im Gemüsefach des Kühlschranks aufheben. Die Pilze müssen vorher verlesen und geputzt werden. Nur makellose Hüte und Stiele lassen sich einige Zeit, aber höchstens zwei Tage, so aufbewahren. Haben Sie mehrere Sorten von Pilzen, müssen sie diese voneinander trennen.

Pilze können Sie auch einfrieren. Säubern Sie sie gut, vierteln oder schneiden Sie sie in Scheiben. Blanchieren Sie sie eine Minute in kochendem Wasser, lassen Sie sie danach gut abtropfen und verpacken Sie sie in Gefrierbeutel. So können Sie sie bis zu sechs Monaten aufbewahren. Geben Sie sie zum Auftauen kurz in heißes Wasser, oder wenden Sie sie in der Pfanne kurz in Butter oder Öl.

Daß fertige Pilzgerichte nicht noch einmal aufgewärmt werden dürfen, stimmt nicht. Kühlen Sie Ihr Pilzgericht schnell ab, möglichst im Wasserbad und

Stockschwämmchen

stellen Sie es sofort in den Kühlschrank. Am nächsten Tag muß es jedoch verbraucht werden. Achten Sie darauf, es gut zu erhitzen.

Pilzwasser, außer dem Kochwasser von Hallimasch, können Sie für die Aromatisierung von Suppen und Saucen verwenden.

Kleines Pilzbrevier der bekanntesten Pilze

Austernpilz
Diese Zuchtpilze wachsen auf Holz, haben einen breitkrempigen Hut und saftiges Fleisch. Sie sind elfenbeinfarben und haben einen aromatischen, kalbfleischähnlichen Geschmack.

Butterpilz
Unter den Röhrlingen ist er wohl der bekannteste. der meist flachkegelige Hut sieht aus, als sei er mit Schokolade überzogen. Er hat ein buttergelbes, saftiges, weiches Fleisch. Der klebrige Hut sollte abgezogen werden. Besonders köstlich schmeckt er mit Speck gebraten.

Champignon
Man unterscheidet Wiesen- und Zuchtchampignons. Der Geschmack der Wiesenchampignons ist wesentlich intensiver. Die braunen Zuchtchampignons, auch Egerlinge genannt, sind würziger als weiße Champignons. Champignons verarbeitet man häufig unzerkleinert, große werden in Scheiben geschnitten oder gefüllt. Weiße oder braune Zuchtchampignons werden gern roh zu Salaten gegeben. Hierfür schneidet man sie in hauchzarte Scheiben und beträufelt sie mit Zitronensaft, damit sie sich nicht dunkel verfärben.

Chinesischer Strohpilz
Sie werden in Reisfeldern auf Reisstroh kultiviert, sind klein und haben eine kegelförmige Kappe. Sie werden getrocknet oder in Dosen angeboten.

Hallimasch
Er hat schwarzbraune, struppige Hutschuppen auf rotbraunem Grund und einen dünnen, weißen Stielring. Von diesem Pilz sind nur die Hüte genießbar, Stiele müssen weggeschnitten werden. Die Pilze sind erst nach dem Abkochen (zwei bis drei Minuten) eßbar. Das Kochwasser sollte weggeschüttet werden. Besonders lecker sind Hallimaschgerichte mit viel frischem Knoblauch.

Holzohr
Ein recht zäher Pilz, der vor Gebrauch mindestens 30 Minuten in kochendem Wasser eingeweicht werden muß. Nach dem Einweichen ist er gelatineartig. Er wird gern für chinesische Gerichte und Suppen verwendet.

Maronenpilz
Er gehört zu den Röhrlingen, wird in Nadelholzwäldern und in Eichen-Hainbuchen-Wäldern gefunden. Er hat eine breite, dunkelbraune Kappe und einen etwas helleren Stiel. Junge Maronen kann man auch roh in Salaten verwenden. Ältere werden knapp gegart, so verstärkt sich ihr Aroma. Kleine Pilze kann man in Olivenöl einlegen und hat eine herrliche Vorspeise.

Morchel
Ein edler, sehr schmackhafter Pilz mit intensivem Aroma, der häufig sehr sandig ist und sehr gut gewaschen werden muß. Es lohnt sich, ihn getrocknet zu kaufen.

Spitzmorchel

Pfifferling
Ein trompetenförmiger, dunkelgoldfarbener Pilz mit festem, gelbem Fleisch und leichtem Geschmack nach Aprikosen und Pfeffer. Man findet ihn in Laubwäldern. Am besten schmecken Pfifferlinge, wenn man sie kurz in Butter anbrät. Man kann sie allein, zu Mischpilzgerichten, zu Fisch, Fleisch, Wild servieren.

Rotkappe
Ein Röhrling mit rötlichem Hut und gräulichem Stiel. Diese Pilze sind besonders für Suppen und Schmorgerichte geeignet.

Seitling
Ein stämmiger, heller Pilz mit runder Kappe. Er wird wie der Pfifferling zubereitet.

Shiitake
Ein aus Ostasien stammender Pilz, der bei uns ebenfalls gezogen wird. Er ist von würzigem Geschmack, der bei getrockneten Pilzen noch intensiver ist.

Steinpilz
Er wird auch Herrenpilz genannt. Anstelle der häufigen Lamellen haben Steinpilze Röhrchen. Sie werden frisch und getrocknet angeboten. Steinpilze sind am besten, wenn sie fest und klein sind. Man kann sie auch roh als Carpaccio anbieten, sie haben ein butterzartes Aroma.

Trüffeln
Schwarze Trüffeln sind sehr teuer und werden daher sehr sparsam zur Aromatisierung verwendet. Weiße

Steinpilz

Trüffeln werden roh in hauchzarte Scheibchen geschnitten und auf erlesenen Gerichten verteilt. Konservierte Trüffeln verlieren sehr viel an Geschmack.

Goldene Regeln für Pilzfreunde

- Sammeln Sie nur die Pilze, die Sie sicher kennen und von denen Sie wissen, daß sie genießbar sind. Lassen Sie sich nicht täuschen: Schädlingsbefall bedeutet nicht, daß die Pilze ungiftig sind! Bei auch nur geringster Unsicherheit lassen Sie die Pilze stehen. Lassen Sie die Pilze bei einer Pilzberatungsstelle begutachten.

- Bei einer Erkrankung, die durch den Pilzgenuß hervorgerufen wurde, muß unbedingt sofort ein Arzt geholt werden.

- Sammeln Sie vorsichtig, und zerstören Sie keine Pilze. Zertreten Sie keine Pilze, auch dann nicht, wenn Sie sie für ungenießbar halten.

Sie sind wichtig für den Erhalt der Natur und häufig Nahrung für Waldtiere.

• Alte, wäßrige oder angefaulte Pilze schmecken nicht. Nehmen Sie daher junge, jedoch nicht zu junge Exemplare.

• Sammeln Sie nicht sofort nach längerem Regenwetter. Die Pilze haben dann einen zu hohen Wassergehalt und sind fade. Außerdem faulen sie schneller.

• Hallimasch und Stockschwämme sollten abgeschnitten werden, alle anderen Pilze drehen Sie heraus. Knollen am Stielende und Manschetten am Schaft sind wichtige Erkennungsmerkmale, die beim Abschneiden verlorengehen.

• Ideal zum Sammeln sind Körbe, Eimer oder Kartons. Legen Sie die Pilze luftig nebeneinander, decken Sie die einzelnen Schichten ab. Transportieren Sie die Pilze rutsch- und stoßsicher. Tüten, Beutel, Taschen und Rucksäcke sind für den Transport ungeeignet.

• Reinigen Sie Pilze schon am Sammelort von Erde, Laub und Tannennadeln.

• Werfen Sie angefaulte Pilze weg und schneiden Sie Fraßstellen heraus.

• Putzen Sie Ihre gesammelten Pilze sofort nach der Ankunft zu Hause. Entfernen Sie beim Putzen nur alte Röhren und die Huthaut, wenn nötig. Pilze sollten

Braunkappe

möglichst sofort zubereitet und frisch verzehrt werden.

• Wenn Sie die Pilze nicht gleich weiterverarbeiten können, breiten Sie sie flach aus und lagern sie luftig an einem kühlen Ort. Länger als einen Tag sollten Sie Ihre Pilze so aber nicht aufheben. Alternativ putzen Sie die Pilze, schneiden sie in Stücke, blanchieren sie ein bis vier Minuten und frieren sie im Schnellgefrierfach der Tiefkühltruhe ein. Aber auch hier ist ein möglichst baldiger Verzehr angeraten. Die aufgetauten Pilze müssen wie frische Pilze aussehen, sind sie schmierig oder schwammig, müssen sie weggeworfen werden. Einmal aufgetaute Pilze müssen sofort verzehrt werden und dürfen keinesfalls erneut eingefroren werden.

• Waschen Sie Pilze nach Möglichkeit nicht, sondern reiben Sie sie mit einem feuchten Tuch gründlich ab.

Wiesenchampignon

Deftige Suppen und Eintöpfe

Champignonbrühe mit Blätterteighaube

FÜR 4 PERSONEN:

- 2–3 EL Butter
- 2 Hähnchenbrustfilets
- Salz, Pfeffer aus der Mühle
- 1 Bund Frühlingszwiebeln
- 300 g frische Champignons
- Saft von 1 Zitrone
- 1 Tasse getrocknete, eingeweichte Steinpilze
- 1/2 l Gemüse- oder Geflügelbrühe
- 3–4 Tomaten
- 1/2 Bund Kerbel
- 1 Prise Muskat
- 1 Prise Cayennepfeffer
- 1 Prise Zucker
- 4 Scheiben Blätterteig (TK-Produkt)
- 1 Eigelb

1. Die Butter erhitzen. Das gewaschene und in feine Streifen geschnittene Hähnchenbrustfilet darin rundherum Farbe annehmen lassen.

2. Das Fleisch mit Salz und Pfeffer würzen.

3. Die Frühlingszwiebeln putzen, in mundgerechte Stücke schneiden, zum Fleisch geben und kurz mitbraten.

4. Die Champignons putzen, waschen, in Scheiben schneiden, mit Zitronensaft beträufeln, zum Fleisch geben und ebenfalls kurz mitschwitzen.

5. Die eingeweichten, gut abgetropften Steinpilze kleinschneiden, zum Fleisch geben, kurz mitschwitzen und mit der Gemüse- oder Geflügelbrühe auffüllen.

6. Die Suppe bei mäßiger Hitze 8–10 Minuten köcheln lassen. Anschließend die enthäuteten, entkernten und in Würfel oder Streifen geschnittenen Tomaten untermischen.

7. Den Kerbel verlesen, waschen, fein schneiden und in die Suppe geben. Das Ganze mit Salz, Pfeffer, Muskat, Cayennepfeffer und Zucker abschmecken.

8. Die Suppe in feuerfeste Terrinenformen füllen. Die Blätterteigscheiben auftauen lassen.

9. Den Blätterteig auf einer bemehlten Arbeitsfläche leicht auswellen. Anschließend entsprechend große Kreise zum Abdecken der Terrinenformen ausschneiden.

10. Das Eigelb mit etwas Wasser verrühren. Die Ränder der Terrinenformen mit dem Eigelb bestreichen, den Blätterteig darauf setzen und die Ränder gut andrücken.

11. Die Terrinenformen in den auf 180–200 °C vorgeheizten Backofen schieben und in 12–15 Minuten ausbacken.

12. Die Suppe aus dem Ofen nehmen, anrichten, ausgarnieren und sofort servieren.

Geflügel-Consommé mit Butterpilzen

FÜR 4 PERSONEN:

1/2 Suppenhuhn
1 l Gemüsebrühe
1 Zwiebel
2 Karotten
1 Stück Sellerie
1 Gewürzbeutel (Lorbeerblätter, Nelken, Wacholderbeeren, Pimentkörner, Pfefferkörner, Senfkörner)

Außerdem:

1–2 EL Butter oder Margarine
400 g Butterpilze
Saft von 1 Zitrone
100 g Mungobohnensprossen
1 Tasse Sojasauce
2 Tassen Pfannkuchenstreifen
Salz, Pfeffer aus der Mühle
1 Prise Muskat
1 Prise Cayennepfeffer

1. Das Suppenhuhn unter fließendem Wasser waschen, gut abtropfen lassen. Salzwasser in einem Topf erhitzen und das Huhn darin 4-5 Minuten blanchieren, herausnehmen, erneut waschen und mit der Gemüsebrühe in einen Topf geben.

2. Das Ganze zum Kochen bringen. Das geputzte Gemüse kleinschneiden, mit dem Gewürzbeutel zum Huhn geben und bei mäßiger Hitze in 80–90 Minuten garen.

3. In der Zwischenzeit die Butter oder Margarine in einer Pfanne erhitzen. Die geputzten und kleingeschnittenen Butterpilze darin anschwitzen.

4. Das Ganze mit Zitronensaft beträufeln und die gewaschenen Mungobohnensprossen unterheben.

5. Die Sojasauce angießen und die Pilze kurz schmoren lassen. Vom Feuer nehmen und bereitstellen.

6. Wenn das Suppenhuhn gar ist, das Huhn herausnehmen, das Fleisch vom Knochen lösen und kleinschneiden. Das Gemüse ebenfalls herausnehmen und kleinschneiden.

7. Die Suppe durch ein Sieb passieren und erneut erhitzen.

8. Das Huhn, das Gemüse, die Pilze und die Pfannkuchenstreifen in der Suppe erhitzen. Das Ganze mit Salz, Pfeffer, Muskat und Cayennepfeffer kräftig abschmecken.

9. Die Geflügel-Consommé mit Butterpilzen dekorativ anrichten, ausgarnieren und sofort servieren.

Festtagssuppe mit Pilzen

FÜR 4 PERSONEN:

500 g Wild- oder Rinderknochen
1 l Gemüsebrühe
1 Bund Suppengemüse
1 Zwiebel
1 Gewürzbeutel (Lorbeerblätter, Nelken, Pfefferkörner, Pimentkörner, Wacholderbeeren)
Salz, Pfeffer aus der Mühle
1 Prise Muskat
4-5 cl Madeira
Für die Klößchen:
400 g Wild- oder Rinderhack
2 Eiweiß
1 Schuß Sahne
1 TL Paprikapulver edelsüß
3-4 EL Haferflocken
Außerdem:
1-2 EL Butter oder Margarine
200 g frische Pfifferlinge
2 Mandarinen
Für den Eierstich:
4 Eier
1/4 l Milch
1 Bund Schnittlauch

1. Die Knochen unter fließendem Wasser waschen. Salzwasser in einem Topf erhitzen. Die Knochen darin 5 Minuten blanchieren, herausnehmen, erneut waschen und abtropfen lassen.

2. Die Gemüsebrühe mit den Knochen, dem Suppengemüse und der geschälten und halbierten Zwiebel sowie dem Gewürzbeutel in einen Topf geben, zum Kochen bringen. Mit Salz, Pfeffer und Muskat würzen und bei mäßiger Hitze 60 bis 70 Minuten garen. Nach Ende der Garzeit das Gemüse herausnehmen, kleinschneiden und bereitstellen.

3. Die Gemüsebrühe durch ein Sieb passieren und erneut erhitzen, abschmecken und mit Madeira verfeinern.

4. Für die Klößchen, das Hackfleisch mit dem Eiweiß und der Sahne verschlagen. Mit Paprikapulver, Salz und Pfeffer würzen und mit Haferflocken binden.

5. Die Klößchen mit einem Teelöffel abstechen und in der Brühe garen.

6. Die Butter oder Margarine in einer Pfanne erhitzen und die geputzten Pfifferlinge darin garen. Die Mandarinen schälen, die Haut dünn abschneiden und in Streifen schneiden. Zu den Pfifferlingen geben und kurz mitschwitzen. Die Frucht auspressen, den Saft und die Pfifferlinge unter die Suppe heben und alles erhitzen.

7. Die Eier und die Milch in einer Schüssel verschlagen, mit Salz, Pfeffer und Muskat würzen und einen Eierstich herstellen.

8. Den Eierstich kleinschneiden, ebenfalls in die Suppe geben. Die Suppe nochmals abschmecken, anrichten und servieren.

Pilzsuppe mit Markklößchen

FÜR 4 PERSONEN:

Für die Klößchen:
80 g Rindermark
1 eingeweichtes, altbackenes Brötchen
2 Eier
100 g Semmelbrösel
Salz, Pfeffer aus der Mühle
1 Prise Muskat

Außerdem:
4 Karotten, 1 kleiner Sellerie
2 Zucchini
1 l Gemüse- oder Fleischbrühe
200 g frische Pilze
4 EL Preiselbeeren
1 Tasse gemischte, gehackte Kräuter

1. Das Rindermark waschen, kleinschneiden, in einer Pfanne schmelzen lassen.

2. Das Rindermark herausnehmen, in einer Schüssel schaumig schlagen.

3. Das Brötchen gut ausdrücken, kleinschneiden, mit den Eiern, den Semmelbröseln und dem Mark zu einer Masse verarbeiten.

4. Die Masse mit Salz, Pfeffer und Muskat würzen und kleine Klößchen formen.

5. Die Karotten, den Sellerie und die Zucchini putzen und mit einem Kugelausstecher Perlen ausstechen.

6. Die Brühe in einem Topf erhitzen. Die Karotten und Selleriekugeln in die Brühe geben und bißfest garen. Jetzt die Zucchinikugeln mit den Markklößchen und den fein geschnittenen Pilzen in die Suppe geben. Das Ganze bei mäßiger

Hitze 10 Minuten köcheln lassen.

7. Ganz zum Schluß die Preiselbeeren untermischen. Die Suppe nochmals abschmecken, anrichten, ausgarnieren, mit den verlesenen, gewaschenen und fein gehackten Kräutern bestreut servieren.

Pilztopf mit Sojasprossen

FÜR 4 PERSONEN:

- 4 Hähnchenbrustfilets
- Salz, Pfeffer aus der Mühle
- 1 Prise Kümmelpulver
- 2–3 EL Butter
- 1 Zwiebel, 2–3 Karotten
- 2 grüne Paprikaschoten
- 1 Schuß Weißwein
- 3/8 l Gemüsebrühe
- 1–2 EL Butter oder Margarine
- 250 g frische Pilze
- 250 g Sojabohnensprossen
- 1/2 Tasse Sojasauce
- 1 Bund Petersilie
- 1 Prise Muskat
- 1 Prise Cayennepfeffer

1. Die Hähnchenbrustfilets waschen, trockentupfen, in feine Würfel schneiden. Mit Salz, Pfeffer und Kümmel kräftig würzen.

2. Die Butter erhitzen und das Fleisch anbraten.

3. Die Zwiebel, die Karotten und die Paprikaschoten putzen, in Streifen schneiden, zum Fleisch geben und kurz mitbraten. Mit Weißwein ablöschen und mit der Brühe auffüllen und 15 Minuten köcheln lassen.

4. Inzwischen die Butter erhitzen und die kleingeschnittenen Pilze darin schwitzen.

5. Die Sojabohnensprossen verlesen, waschen, abtropfen lassen, zu den Pilzen geben und kurz mitgaren.

6. Mit der Sojasauce ablöschen, mit Salz und Pfeffer würzen. Die fein gehackte Petersilie untermischen.

7. Nach Ende der Garzeit die Pilze mit den Sojasprossen unter die Suppe heben und erhitzen. Mit Salz, Pfeffer, Muskat und Cayennepfeffer abschmecken.

8. Den Pilztopf dekorativ anrichten, ausgarnieren und sofort servieren.

Deftiger Pilz-Nudeltopf

FÜR 4 PERSONEN:

250 g Putenbrustfilet
Salz, Pfeffer aus der Mühle
1 EL Paprikapulver edelsüß
2–3 EL Sojasauce
2–3 EL Olivenöl
1 rote Paprikaschote
1 gelbe Paprikaschote
1 Stange Lauch
250 g Champignons oder andere Pilze
Saft von 1 Zitrone
1 l Gemüse- oder Geflügelbrühe
400 g bißfest gegarte Nudeln (Hörnchen)
1 Bund Schnittlauch

1. Das Putenbrustfilet unter fließendem Wasser waschen, trockentupfen, in Würfel oder Streifen schneiden. Mit Salz, Pfeffer und Paprikapulver kräftig würzen.

2. Das Filet mit der Sojasauce beträufeln und im Kühlschrank mindestens eine Stunde ziehen lassen.

3. Das Olivenöl in einem Topf erhitzen und darin unter ständigem Rühren braten.

4. Die Paprikaschoten putzen, waschen, halbieren, in Streifen schneiden, zum Fleisch geben und kurz mitbraten.

5. Den Lauch putzen, waschen, in Streifen schneiden, mit den geputzten, in Scheiben geschnittenen und mit Zitronensaft beträufelten Pilzen zum Fleisch geben und kurz mitbraten.

6. Das Ganze mit der Gemüse- oder Geflügelbrühe auffüllen und bei mäßiger Hitze 10–15 Minuten köcheln lassen.

7. Zum Schluß die bißfest gegarten Nudeln unterheben. Das Ganze nochmals kräftig abschmecken, anrichten und mit dem verlesenen, gewaschenen und fein geschnittenen Schnittlauch bestreut servieren.

Unser Tip:

⇨ **Wie bei allen Eintöpfen und Suppen können Sie auch bei unserem Deftigen Pilz-Nudeltopf Pilze Ihrer Wahl verwenden. Sie sollten darauf achten, daß es nur Pilze einer Sorte sind, um den Eigengeschmack zu gewährleisten.**

Pilzsuppe mit Spinat und Sauerampfer

FÜR 4 PERSONEN:

- 1-2 EL Butter oder Margarine
- 1 Zwiebel
- 100 g roher, geräucherter Schinken
- 250 g frische Pilze
- 1/2 l Gemüse- oder Fleischbrühe
- 4 cl Madeira
- Salz, Pfeffer aus der Mühle
- 1 Prise Muskat
- 1 Prise Cayennepfeffer
- 1 Prise Zucker
- 150 g frische Spinatblätter
- 50 g Sauerampferblätter

1. Die Butter oder Margarine in einem Topf erhitzen und die geschälte und fein gehackte Zwiebel darin glasig schwitzen.

2. Den Schinken in feine Streifen oder Würfel schneiden, zur Zwiebel geben und kurz mitschwitzen.

3. Die Pilze putzen, kleinschneiden, zum Schinken geben und ebenfalls mitgaren.

4. Das Ganze mit der Gemüse- oder Fleischbrühe auffüllen und bei mäßiger Hitze 15 Minuten köcheln lassen.

5. Die Suppe mit Madeira aromatisieren. Mit Salz, Pfeffer, Muskat, Cayennepfeffer und Zucker kräftig abschmecken.

6. Die Spinat- und Sauerampferblätter verlesen, waschen, abtropfen lassen, kurz vor dem Servieren unter die Suppe heben. Die Spinat- und Sauerampferblätter kurz ziehen lassen. Das Ganze anrichten, ausgarnieren und servieren.

Steinpilzsuppe mit Räucherspeck

FÜR 4 PERSONEN:

- 1–2 EL Butter oder Margarine
- 100 g durchwachsener, geräucherter Speck
- 1 Bund Frühlingszwiebeln
- 250 g frische Steinpilze
- Saft von 1 Zitrone
- 4 Tomaten
- 1/2 l Gemüse- oder Fleischbrühe
- Salz, Pfeffer aus der Mühle
- 1 Prise Muskat
- 1 Prise Cayennepfeffer
- 1 Tasse gemischte, gehackte Kräuter

1. Die Butter oder Margarine in einem Topf erhitzen und den in feine Würfel geschnittenen Speck darin unter ständigem Rühren auslassen und braten.

2. Die Frühlingszwiebeln putzen, in kleine Stücke schneiden, waschen, gut abtropfen lassen, zum Speck geben und glasig schwitzen.

3. Die Steinpilze putzen, kleinschneiden, mit Zitronensaft beträufeln, zu den Frühlingszwiebeln geben und kurz mitbraten.

4. Die Tomaten enthäuten, entkernen, in Würfel oder Streifen schneiden, zu den Pilzen geben. Das Ganze mit der Brühe auffüllen.

5. Die Suppe zum Kochen bringen und bei mäßiger Hitze 8 Minuten köcheln lassen.

6. Die Steinpilzsuppe mit Salz, Pfeffer, Muskat und Cayennepfeffer kräftig abschmecken, die fein gehackten Kräuter untermischen. Die Suppe anrichten, ausgarnieren und sofort servieren.

Morchelrahmsuppe

FÜR 4 PERSONEN:

- 75 g getrocknete Morcheln
- 1/2 l Gemüsebrühe
- 1-2 EL Butter oder Margarine
- 1 Zwiebel
- 2 Karotten
- 1 Stück Sellerie
- 1 kleine Stange Lauch
- 1 Schuß Weißwein
- 1 Becher Sahne
- Johannisbrotkernmehl zum Binden
- Salz, Pfeffer aus der Mühle
- 1 Prise Muskat
- 1 Prise Cayennepfeffer
- 1 Tasse gemischte, gehackte Kräuter (Estragon, Dill, Petersilie, Kerbel)

1. Die getrockneten Morcheln in eine Schüssel geben, die Gemüsebrühe angießen. Die Morcheln mindestens zwei Stunden ausquellen lassen.

2. Die Butter oder Margarine in einem Topf erhitzen und die geschälten und in feine Streifen geschnittenen Zwiebeln darin anschwitzen.

3. Die Karotten, den Sellerie und den Lauch putzen, ebenfalls in feine Streifen schneiden, zu den Zwiebeln geben und mitschwitzen.

4. Mit Weißwein ablöschen. Die Morcheln und die Suppe angießen und das Ganze zum Kochen bringen.

5. Die Suppe bei mäßiger Hitze 8–10 Minuten köcheln lassen und anschließend die Sahne einrühren.

6. Die Suppe je nach Geschmack mit Johannisbrotkernmehl binden. Mit Salz, Pfeffer, Muskat und Cayennepfeffer abschmecken.

7. Die verlesenen, gewaschenen und fein gehackten Kräuter unter die Suppe ziehen, nochmals abschmecken, anrichten, ausgarnieren und sofort servieren.

Steinpilzsuppe mit Goldbarschfilets

FÜR 4 PERSONEN:

600 g Goldbarschfilets
Saft von 1 Zitrone
einige Tropfen Obstessig
einige Tropfen Worcestersauce
Salz, Pfeffer aus der Mühle
Außerdem:
2–3 EL Butter oder Margarine
1 Zwiebel, 500 g Kartoffeln
2 Lorbeerblätter
1 Zweig Borretsch
1 Zweig Estragon
3/4 l Gemüsebrühe
400 g Steinpilze
1 Becher Sahne, 2 Eigelb
1 Prise Muskat
1 Prise Cayennepfeffer
1 Tasse gemischte, gehackte Kräuter

1. Die Goldbarschfilets waschen, trockentupfen und in Würfel schneiden. Mit Zitronensaft, Obstessig und Worcestersauce beträufeln, mit Salz und Pfeffer würzen und im Kühlschrank 15 Minuten ziehen lassen.

2. Die Butter oder Margarine erhitzen und die geschälte und fein gehackte Zwiebel darin glasig schwitzen.

3. Die Kartoffeln schälen, in Würfel schneiden, zur Zwiebel geben und mitschwitzen.

4. Die Lorbeerblätter, den Borretsch und den Estragon dazugeben. Mit der Brühe auffüllen und 15 Minuten köcheln lassen.

5. Die Pilze putzen, in mundgerechte Stücke schneiden. Mit Zitronensaft beträufeln, mit den Fischfilets in die Suppe geben und weitere 10 Minuten ziehen lassen.

6. Die Steinpilzsuppe nochmals kräftig abschmecken, die Sahne mit den Eigelben verschlagen und die Suppe damit legieren. Vom Feuer nehmen, nicht mehr kochen lassen.

7. Die Suppe mit Salz, Pfeffer, Muskat und Cayennepfeffer abschmecken, anrichten, ausgarnieren. Mit den verlesenen, gewaschenen und fein gehackten Kräutern bestreut servieren.

Krabbentopf mit Pilzen

FÜR 4 PERSONEN:

2–3 EL Butter
1 Bund Frühlingszwiebeln
250 g frische Pilze
Saft von 1 Zitrone
250 g Krabben oder Crevetten
4 Tomaten
1 Schuß Weißwein
3/4 l Gemüsebrühe
1 Becher Sahne
1 Msp Safran, 2 Eigelb
Salz, Pfeffer aus der Mühle
je 1 Prise Muskat, Cayennepfeffer und Zucker
1 Bund Dill

1. Die Butter erhitzen und die geputzten, gewaschenen und kleingeschnittenen Frühlingszwiebeln darin unter ständigem Rühren kurz braten.

2. Die Pilze putzen, kleinschneiden, mit Zitronensaft beträufeln, zu den Zwiebeln geben und mitschwitzen.

3. Die Krabben oder Crevetten waschen, abtropfen lassen, ebenfalls mit Zitronensaft beträufeln. Zu den Pilzen geben und kurz mitgaren.

4. Die Tomaten enthäuten, entkernen, in Würfel schneiden, zu den Pilzen geben. Mit Weißwein ablöschen, mit der Brühe auffüllen und 8 Minuten garen.

5. Die Sahne mit dem Safran verrühren. Die Eigelbe darunterschlagen und damit legieren. Vom Feuer nehmen und nicht mehr kochen lassen.

6. Das Ganze mit Salz, Pfeffer, Muskat, Cayennepfeffer und Zucker abschmecken. Den fein gehackten Dill untermischen, dekorativ anrichten, ausgarnieren und sofort servieren.

Pilzgulaschsuppe

FÜR 4 PERSONEN:

500 g Rinder- oder Wildknochen
2–3 EL Butterschmalz
2 Knoblauchzehen
2 Lorbeerblätter
einige Nelken
einige Wacholderbeeren
einige Pfefferkörner
2–3 EL Tomatenmark
3–4 EL Mehl
1/8 l Rotwein
1/2 l Gemüse- oder Wildbrühe
1 EL Kümmel
1 EL Majoran
2 EL geriebene Zitronenschale
1-2 EL Paprikapulver edelsüß
1 EL Curry
1 Becher Sahne
2–3 EL Johannisbeergelee
2–3 EL Obstessig
Außerdem:
1–2 EL Butter oder Margarine
400 g Mischpilze
1 Tasse gemischte, gehackte Kräuter
1/2 Becher Crème fraîche

1. Die Rinder- oder Wildknochen unter fließendem Wasser waschen, gut abtropfen lassen. Das Butterschmalz in einem Topf erhitzen und die Knochen darin unter ständigem Rühren kroß braten.

2. Die Knoblauchzehen schälen, fein hacken. Mit den Lorbeerblättern, den Nelken und den Pfefferkörner zum Fleisch geben und kurz mitbraten.

3. Das Tomatenmark einrühren, rösten, mit Mehl bestauben, erneut kurz rösten. Mit Rotwein ablöschen und mit der Gemüse- oder Fleischbrühe auffüllen.

4. Den Kümmel, den Majoran, die geriebene Zitronenschale, das Paprikapulver edelsüß und den Curry in die Suppe rühren und bei mäßiger Hitze 60–70 Minuten köcheln lassen.

5. Nach Ende der Garzeit die Suppe durch ein Sieb passieren und erneut erhitzen. Die Sahne, das Johannisbeergelee und den Obstessig einrühren und kurz garen.

6. Die Butter oder Margarine in einer Pfanne erhitzen und die geputzten und kleingeschnittenen Mischpilze darin kurz anschwitzen.

7. Die verlesenen, gewaschenen und fein gehackten Kräuter unter die Pilze ziehen und diese in die Suppe geben und einmal aufkochen lassen.

8. Die Pilzgulaschsuppe nochmals abschmecken, dekorativ anrichten, mit je einem Klacks Crème fraîche bedecken, mit Kräutern bestreuen, ausgarnieren und sofort servieren.

Kleine Pilzköstlichkeiten zum Genießen

Krapfen in Morchelrahm

FÜR 4 PERSONEN:

120 g Haferflocken
1 Ei, 2 Eigelb
1 EL Traubenkernöl
4 EL Wasser, 1 Prise Salz
1 Prise Muskat
Für die Füllung:
250 g Hackfleisch, 1 Zwiebel
weißer Pfeffer aus der Mühle
1 Prise Cayennepfeffer
1 TL Majoran
1 TL Thymian
einige Tropfen Weinbrand
1/2 l Gemüsebrühe
1–2 EL Butter oder Margarine
1 Zwiebel
150 g frische oder entsprechende Menge eingeweichter Morcheln
1 Schuß Weißwein
1 Becher Sahne

1. Die Haferflocken in eine Pfanne geben und darin fettfrei rösten. Vom Feuer nehmen, auskühlen lassen und fein mahlen.

2. Das Haferflockenmehl mit dem Ei, den Eigelben, dem Traubenkernöl und dem Wasser in eine Schüssel geben und zu einem Teig verkneten. Mit Salz und Muskat würzen und zugedeckt mindestens eine halbe Stunde ruhen lassen.

4. Für die Füllung, das Hackfleisch in einer Pfanne möglichst fettfrei unter ständigem Rühren braten.

5. Die Zwiebel schälen, fein hacken, zum Fleisch geben und mitschwitzen. Mit Salz, Pfeffer, Cayennepfeffer, Majoran und Thymian würzen und mit Weinbrand aromatisieren.

6. Den Teig auf einer bemehlten Arbeitsfläche nochmals kurz durcharbeiten, dünn ausrollen. Kreise von ca. 10 cm Durchmesser ausstechen und diese mit Eiweiß bestreichen.

7. Die Hackfleischmasse gleichmäßig darauf verteilen. Die Teigtaschen zusammenklappen, die Ränder gut andrücken und in die kochende Gemüsebrühe geben. In 12 Minuten garziehen lassen.

8. Die Butter oder Margarine in einer Pfanne erhitzen und die geschälte und fein gehackte Zwiebel darin glasig schwitzen.

9. Die Pilze dazugeben, kurz mitschwitzen. Mit Weißwein ablöschen, die Sahne angießen und das Ganze zu einer sämigen Sauce kurz einreduzieren lassen.

10. Die Sauce mit Salz, Pfeffer und Cayennepfeffer abschmecken. Die Haferflockenkrapfen herausnehmen, gut abtropfen lassen, anrichten, mit der Morchelrahmsauce überziehen, ausgarnieren und sofort servieren.

Champignonpudding

FÜR 4 PERSONEN:

- 100 g Butter
- 400 g frische Champignons
- 100 g Mehl
- 4 Tassen Milch
- 4 Eigelb
- Salz, Pfeffer aus der Mühle
- 4 Eiweiß
- Butter zum Ausfetten
- 3 EL Semmelbrösel zum Bestreuen

1. Die Butter in einem Topf erhitzen. Die geputzten und in Scheiben geschnittenen Champignons dazugeben und weich dünsten, solange garen, bis der Saft eingekocht ist.

2. Das Mehl sieben und darunterrühren, mit der Milch auffüllen und einmal aufkochen lassen.

3. Das Ganze vom Feuer nehmen, leicht erkalten lassen und anschließend die Eigelbe einrühren. Nun abkühlen lassen und mit Salz und Pfeffer würzen.

4. Das Eiweiß zu steifem Schnee schlagen und vorsichtig unterheben.

5. Eine Puddingform mit Butter ausfetten und mit Semmelbröseln bestreuen. Die Masse einfüllen, die Puddingform verschließen. Das Ganze im Wasserbad ca. eine Stunde kochen.

6. Den Pudding aus der Form stürzen, dekorativ anrichten. Mit einer Tomatensauce und grünem Salat servieren.

Steinpilzgemüse mit Zuckerschoten

FÜR 4 PERSONEN:

- 400 g Zuckerschoten
- 1/4 l Gemüsebrühe
- 2–3 EL Butter
- 2 Zwiebeln
- 2 Knoblauchzehen
- 400 g Steinpilze
- Saft von 1 Zitrone
- 3 EL Traubenkernöl
- 3–4 EL Aceto balsamico
- 1 Bund Kerbel
- 1 Tasse Pinienkerne
- Salz, Pfeffer aus der Mühle
- 1 Prise Zucker

1. Die Zuckerschoten putzen, waschen, abtropfen lassen. Die Brühe in einem Topf erhitzen und die Zuckerschoten darin bißfest garen. Herausnehmen, abtropfen lassen und bereitstellen.

2. Die Butter erhitzen, die geschälten und fein gehackten Zwiebeln darin glasig schwitzen.

3. Die Knoblauchzehen putzen, kleinschneiden, zu den Zwiebeln geben und kurz mitschwitzen.

4. Die Steinpilze putzen, in mundgerechte Stücke schneiden, mit Zitronensaft beträufeln, zu den Zwiebeln geben und unter ständigem Rühren braten.

5. Die Zuckerschoten unterheben, das Ganze kurz durchschwenken und auf vier Tellern anrichten.

6. Das Steinpilzgemüse mit Traubenkernöl und Aceto balsamico beträufeln. Mit dem fein gehackten Kerbel bestreuen, die Pinienkerne darübergeben. Das Ganze mit Salz, Pfeffer und Zucker würzen, ausgarnieren und sofort servieren.

Foto Seite 30/31

Gefüllte Liebstöckelchampignons

FÜR 4 PERSONEN:

140 g Grünkern
Salz, Wasser
15 große Champignonköpfe
einige Tropfen Zitronensaft
2 Bund Liebstöckel
100 g kalorienreduzierte Salami
120 g kalorienreduzierter Gouda
4 Eier
Zitronenpfeffer
Halbfettmargarine

1. Den Grünkern waschen, gut abtropfen lassen. Das Salzwasser zum Kochen bringen, den Grünkern einrühren und 35–40 Minuten garen.

2. Anschließend den Grünkern abgießen und abtropfen lassen.

3. Die Champignons putzen, waschen, die Stiele herausdrehen und die Stiele fein hacken. Stiele und Köpfe mit Zitronensaft beträufeln.

4. Den Liebstöckel verlesen, waschen, einige Zweige beiseite stellen, den Rest fein hacken.

5. Die Salami und den Käse in kleine Würfel schneiden. Mit dem Grünkern, den gehackten Pilzstielen, dem Liebstöckel und den Eiern vermischen. Das Ganze mit Salz und Zitronenpfeffer kräftig würzen.

6. Die Masse in die Champignonköpfe füllen und diese in eine feuerfeste, mit Halbfettmargarine ausgefettete Auflaufform schichten.

7. Die gefüllten Grünkernchampignons im auf 200 °C vorgeheizten Backofen in 25 Minuten garen, herausnehmen, anrichten, ausgarnieren und servieren.

Champignons mit Edelpilzfüllung

FÜR 4 PERSONEN:

12–16 große Champignons
einige Tropfen Zitronensaft
150 g saure Sahne
150 g Edelpilzkäse
Salz, Pfeffer aus der Mühle
1 Prise Muskat
Butter zum Ausfetten
1 Becher Sahne
1 Tasse geriebener Parmesan
1 Tasse gemischte, gehackte Kräuter

1. Die Champignonköpfe putzen, die Stiele herausdrehen. Die Stiele fein hacken. Stiele und Champignonköpfe mit Zitronensaft beträufeln.

2. Die gehackten Champignonstiele mit der sauren Sahne und dem geriebenen Edelpilzkäse vermischen. Mit Salz, Pfeffer und Muskat abschmecken.

3. Eine Auflaufform mit Butter ausfetten. Die Champignonköpfe einsetzen und mit der Edelpilzmasse füllen.

4. Die Sahne angießen und mit dem geriebenen Parmesankäse bestreuen.

5. Die Pilze in den auf 200 °C vorgeheizten Backofen schieben und in 25 Minuten garen.

6. Die Champignons herausnehmen, anrichten. Mit den verlesenen, gewaschenen und fein gehackten Kräutern bestreuen. Mit geröstetem Knoblauchweißbrot servieren.

Pilzcarpaccio

FÜR 4 PERSONEN:

300 g Rinderfilet
1 Bund Basilikum
1 Bund Petersilie
2 EL geriebene Zitronenschale
2 Knoblauchzehen
1 TL Salz
1 Tasse Olivenöl
Salz, Pfeffer aus der Mühle
Außerdem:
1 Bund Suppengemüse
1 Tasse Gemüsebrühe
1 Tasse Aceto balsamico
1–2 EL mittelscharfer Senf
1 Prise Zucker
1 Tasse Olivenöl
250 g frische Champignons
Saft von 1 Zitrone

1. Das Rinderfilet waschen, trockentupfen und im Gefrierfach kurz frosten. Anschließend auf der Küchenmaschine in hauchdünne Scheiben schneiden.

2. Das Basilikum und die Petersilie verlesen, waschen, fein hacken. Mit der geriebenen Zitronenschale, den mit Salz zerriebenen Knoblauchzehen und dem Olivenöl in eine Schüssel geben und verrühren.

3. Die Sauce mit Salz und Pfeffer kräftig würzen. Die Rinderfiletscheiben in die Sauce legen und das Ganze im Kühlschrank mindestens zwei Stunden ziehen lassen.

4. Das Suppengemüse putzen, in feine Würfel schneiden. Die Gemüsebrühe in einem Topf erhitzen und das Suppengemüse darin bißfest garen.

5. Die Rinderfiletscheiben dekorativ anrichten. Mit dem gut abgetropften Suppengemüse überziehen. Das Aceto balsamico mit dem Senf glattrühren, mit Salz, Pfeffer und Zucker würzen, das Olivenöl tropfenweise einrühren. Diese Marinade gleichmäßig auf dem Fleisch verteilen.

6. Die Champignons putzen, in Scheiben schneiden, mit Zitronensaft beträufeln und auf dem Carpaccio anrichten. Mit der restlichen Marinade nochmals beträufeln. Das Ganze ausgarnieren und servieren.

Marinierte Pilze

FÜR 4 PERSONEN:

- 500 g frische Pilze
- Saft von 2 Zitronen
- 4 EL Olivenöl
- 4 Knoblauchzehen
- 1 Zwiebel
- 2 Zimtstangen
- einige Nelken
- einige Wacholderbeeren
- 2-3 Lorbeerblätter
- 1 Schuß Weißwein
- 1 Tasse Gemüsebrühe
- 1 Tasse Kerbelessig
- 1 Tasse Olivenöl
- Salz, Pfeffer aus der Mühle
- 1 Prise Cayennepfeffer
- 1 Prise Zucker

1. Die Pilze putzen, je nach Bedarf kleinschneiden und mit Zitronensaft beträufeln.

2. Das Öl erhitzen und die geschälten und fein gehackten oder in Scheiben geschnittenen Knoblauchzehen sowie die geschälte und fein gehackte Zwiebel darin anschwitzen.

3. Die Zimtstange, die Nelken, die Wacholderbeeren und die Lorbeerblätter dazugeben und mitschwitzen.

4. Mit Weißwein ablöschen und mit der Brühe auffüllen. Die Pilze dazugeben und einmal aufkochen lassen.

5. Den Kerbelessig einrühren, erneut erhitzen. Das Ganze vom Feuer nehmen und das Olivenöl untermischen.

6. Die Pilze mit Salz, Pfeffer, Cayennepfeffer und Zucker abschmecken und im Kühlschrank mindestens 2–3 Stunden ziehen lassen.

7. Anschließend die Pilze nochmals nachschmecken, dekorativ anrichten und mit Parmaschinken, Mailänder Salami und Mortadella servieren.

Brandteigkrapfen mit Pilzfüllung

FÜR 4 PERSONEN:

- 1/4 l Gemüsebrühe, 50 g Butter
- 1 Prise Salz, 150 g Mehl, 4 Eier
- 1/2 TL Backpulver
- Pflanzenfett zum Ausbacken
- 400 g Mischpilze
- Saft von 1 Zitrone
- 1–2 EL Butter
- 300 g Kräuterfrischkäse
- 1 Tasse gemischte, gehackte Kräuter (Kerbel, Estragon, Petersilie, Schnittlauch)
- 2 EL grüne Pfefferkörner
- einige Tropfen Worcestersauce
- Salz, Pfeffer aus der Mühle
- 1 Prise Muskat
- 1 Prise Cayennepfeffer

1. Die Brühe mit der Butter und dem Salz in einem Topf zum Kochen bringen.

2. Das Mehl mit dem Kochlöffel einrühren und so lange rühren, bis sich der Teig vom Topfboden löst. Vom Feuer nehmen und noch warm die Eier nach und nach darunterschlagen. Zum Schluß das Backpulver einrühren.

3. Das Fett erhitzen, portionsweise Klößchen abstechen und im schwimmenden Fett goldgelb ausbacken.

4. Inzwischen die Mischpilze putzen, kleinschneiden, mit Zitronensaft beträufeln und in der Butter glasig schwitzen.

5. Die Pilze vom Feuer nehmen, erkalten lassen. Mit dem Kräuterfrischkäse und den fein gehackten Kräutern sowie den grünen Pfefferkörnern vermischen. Den Frischkäse mit Zitronensaft, Worcestersauce, Salz, Pfeffer, Muskat und Cayennepfeffer abschmecken.

6. Die Brandteigkrapfen halbieren, je einen Klacks Pilzcreme darauf verteilen, die Krapfen zusammensetzen, anrichten, ausgarnieren und sofort servieren.

Gourmet-Toast

FÜR 4 PERSONEN:

- 500 g Champignons
- 500 g Rinderfilet
- Salz, Pfeffer aus der Mühle
- 2–3 EL Olivenöl
- 1/2 Becher Sahne
- 2 EL Wildpreiselbeeren
- Feldsalat zum Ausgarnieren
- Butter zum Bestreichen
- 4 Scheiben Toastbrot

1. Die Champignons putzen und in Scheiben schneiden. Das Rinderfilet waschen, trockentupfen, mit Salz und Pfeffer kräftig würzen.

2. Das Öl erhitzen und das Filet darin auf allen Seiten Farbe annehmen lassen. Anschließend im auf 200 °C vorgeheizten Backofen je nach Geschmack medium oder durch fertig garen.

3. In der Zwischenzeit die Sahne steif schlagen und die Wildpreiselbeeren unterheben. Mit Salz und Pfeffer würzen und kühl stellen.

4. Den Feldsalat verlesen, waschen, gut abtropfen lassen und bereitstellen.

5. Etwas Butter erhitzen und die Champignons darin rundherum goldbraun braten. Mit Salz und Pfeffer würzen.

6. Das Toastbrot rösten, mit Butter bestreichen. Je eine Scheibe Rinderfilet darauflegen und mit den Champignons überziehen.

7. Mit Feldsalat ausgarnieren, die Preiselbeersahne darauf anrichten und sofort servieren.

Unser Tip:

⇨ **Ganz besonders fein wird der Gourmet-Toast, wenn Sie ihn mit frischen Pfifferlingen oder mit Morcheln zubereiten.**

Toast Royal

FÜR 4 PERSONEN:

- 4 Scheiben Toastbrot
- 2–3 EL Butter oder Margarine
- 250 g frische Pfifferlinge
- 100 g Frühstücksspeckscheiben
- 2 Tomaten
- 2 Eier
- Salz, Pfeffer aus der Mühle
- 1 Bund Petersilie
- 250 g Zottarellakäse

1. Die Toastbrotscheiben mit Butter oder Margarine in einer Pfanne auf beiden Seiten leicht anbräunen, herausnehmen und bereitstellen.

2. Den Frühstücksspeck in der Pfanne kroß braten, herausnehmen und bereitstellen. Die geputzten Pfifferlinge ins verbliebene Bratfett geben und unter ständigem Rühren kurz dünsten.

3. Die Eier verschlagen, mit Salz und Pfeffer würzen und Rühreier herstellen.

4. Die Toastbrotscheiben mit Tomatenscheiben, den Pfifferlingen und dem Speck belegen. Die Rühreier gleichmäßig darauf verteilen.

5. Den Zottarellakäse in Scheiben schneiden, darauf anrichten. Das Ganze im auf 180–200 °C vorgeheizten Backofen so lange überbacken, bis der Käse zu laufen beginnt, herausnehmen, anrichten, ausgarnieren und servieren.

Holzhauer-Vesper

FÜR 4 PERSONEN:

- 2–3 EL Olivenöl
- 75 g durchwachsener, geräucherter Speck
- 2 Zwiebeln
- 500 g Mischpilze
- Saft von 1 Zitrone
- Salz, Pfeffer aus der Mühle
- 1 Prise Muskat
- 1 Prise Cayennepfeffer
- 1 Bund Schnittlauch

Außerdem:

- 4 Schweinenackensteaks
- 1 EL Kräuter der Provence
- Butterschmalz zum Braten
- 150 g geriebener Emmentaler
- Kräuterzweige zum Garnieren

1. Das Öl erhitzen und den in feine Würfel geschnittenen Speck darin braten.

2. Die Zwiebeln schälen, in Scheiben schneiden, zum Speck geben und mitbraten.

3. Die Pilze putzen, mit Zitronensaft beträufeln, zu den Speckzwiebeln geben und unter Rühren kurz garen.

4. Das Ganze mit Salz, Pfeffer, Muskat und Cayennepfeffer kräftig würzen. Den fein geschnittenen Schnittlauch unterheben.

5. Die Schweinenackensteaks waschen, trockentupfen, mit Kräutern der Provence einreiben, mit Salz und Pfeffer würzen. Butterschmalz in einer Pfanne erhitzen und die Nackensteaks darin auf beiden Seiten Farbe annehmen lassen.

6. Die Steaks in eine feuerfeste Form setzen. Die Hälfte des geriebenen Käses unter die Pilze mischen und auf den Steaks verteilen.

7. Das Ganze mit dem restlichen Käse bestreuen und im auf 200 °C vorgeheizten Backofen 15 Minuten garen.

8. Die Holzhauer-Vesper herausnehmen, dekorativ anrichten, mit Kräuterzweigen ausgarnieren und sofort servieren.

Schneller Pilzketchup

FÜR 4 PERSONEN:

- 2 kg frische Pilze
- Saft von 4 Zitronen
- 1 Tasse Olivenöl
- 2 Zwiebeln
- 3 l fertiger Tomatenketchup
- 4 EL Curry
- 4 EL Paprikapulver edelsüß
- Obstessig und Zucker zum Abrunden

1. Die Pilze putzen, kleinschneiden, mit Zitronensaft beträufeln und marinieren.

2. Das Öl erhitzen und die fein gehackten Zwiebeln darin glasig schwitzen.

3. Die Pilze dazugeben und unter ständigem Rühren 10 Minuten braten.

4. Anschließend den fertigen Tomatenketchup einrühren. Mit Curry und Paprikapulver würzen und im Mixer oder mit dem Pürierstab pürieren.

5. Den Pilzketchup mit Obstessig und Zucker abrunden. In Flaschen füllen, verschließen und kühl lagern.

Pilzketchup

FÜR 4 PERSONEN:

- 2 kg frische Pilze
- 250 g Zwiebeln
- 250 g Karotten
- 1/4 l Gemüsebrühe
- 4 Zimtstangen
- einige Nelken
- einige Wacholderbeeren
- einige Pimentkörner
- einige Pfefferkörner
- 2 Pfefferschoten
- 4 Tassen gemischte, gehackte Kräuter (Estragon, Dill, Petersilie, Oregano, Basilikum)
- 3/8 l Obstessig
- 250 g Zucker
- Salz, Pfeffer aus der Mühle

1. Die Pilze putzen und kleinschneiden. Die Zwiebeln schälen und in feine Würfel schneiden.

2. Die Karotten fein würfeln. Die Brühe erhitzen. Die Pilze, die Zwiebeln und die Karotten untermischen und zum Kochen bringen.

3. Die Zimtstangen, die Nelken, die Wacholderbeeren, die Pimentkörner, die Pfefferkörner und die kleingeschnittenen Pfefferschoten in einen Gewürzbeutel geben, zu den Pilzen geben. Das Ganze 10 Minuten köcheln lassen.

4. Die fein gehackten Kräuter untermischen. Den Obstessig und den Zucker einrühren und bei starker Hitze 5 Minuten kochen lassen.

5. Den Pilzketchup im Mixer pürieren. Mit Salz und Pfeffer nachschmecken, in Gläser füllen und kühl lagern.

Pilz Ketchup
Ketchup

Eingemachte Pfefferpilze

FÜR 4 PERSONEN:

- 2 kg gemischte Pilze
- 500 g Zwiebeln
- 4-8 Knoblauchzehen
- 1 Flasche Weißwein
- 3/8 l Weißweinessig
- 1 Tasse Zitronensaft
- 4 EL Salz
- 150 g Zucker
- einige Lorbeerblätter
- einige Nelken
- einige Wacholderbeeren
- einige Pfefferkörner
- 8 rote Pfefferschoten
- 1 Tasse grüne Pfefferkörner

1. Die Pilze putzen, kleinschneiden. Die Zwiebeln schälen und in feine Würfel schneiden.

2. Die Knoblauchzehen schälen und fein hacken.

3. Den Weißwein, den Weinessig, den Zitronensaft, das Salz, den Zucker und die Gewürze in einen Topf geben und zum Kochen bringen.

4. Die Pilze, die Zwiebeln und die Knoblauchzehen dazugeben, einmal aufkochen lassen.

5. Die Pfefferschoten putzen, halbieren, die Kerne herausnehmen, zum Gemüse geben und die grünen Pfefferkörner einrühren.

6. Die Pilze mit dem Sud in saubere Einmachgläser füllen und verschließen. Bei 90 °C in 40 Minuten einwecken.

7. Die Gläser vorsichtig und vollständig erkalten lassen und kühl zum Verzehr bereitstellen.

Apfel-Pilz-Chutney

FÜR 4 PERSONEN:

- 1 kg frische Pilze
- Saft von 4 Zitronen
- 1 kg süß-säuerliche Äpfel
- 500 g Frühlingszwiebeln
- 4-6 Knoblauchzehen
- 1/4 l Obstessig
- 1 Flasche Weißwein
- 250 g Rumrosinen
- 4 EL geriebene Zitronenschale
- 4 EL geriebene Orangenschale
- 300 g Gelierzucker
- Salz, Pfeffer aus der Mühle

1. Die Pilze putzen und kleinschneiden, mit Zitronensaft beträufeln und in eine Schüssel geben.

2. Die Äpfel schälen, entkernen, in feine Würfel schneiden, zu den Pilzen geben und mit dem restlichen Zitronensaft beträufeln.

3. Die Frühlingszwiebeln putzen, in feine Würfel schneiden. Die Knoblauchzehen schälen und fein hacken.

4. Den Obstessig und den Weißwein in einen Topf geben und zum Kochen bringen. Die Frühlingszwiebeln und die Knoblauchzehen dazugeben und kurz ziehen lassen.

5. Anschließend die Pilze, die Äpfel, die Rosinen, die Zitronen- und Orangenschale und den Gelierzucker einrühren und bei starker Hitze 5 Minuten sprudelnd kochen lassen.

6. Das Apfel-Pilz-Chutney vom Feuer nehmen, mit Salz und Pfeffer nachwürzen. In dekorative Gläser füllen, erkalten lassen und zum Verzehr kühl aufbewahren.

Schnelle Gerichte

Schmorgurkengemüse mit Pfifferlingen

FÜR 4 PERSONEN:

- 500 g kleine Kartoffeln
- 2–3 EL Sesam
- 250 g Pfifferlinge
- 750 g Schmorgurken
- 2-3 EL Butter oder Margarine
- 75 g durchwachsener, geräucherter Speck
- 2 Zwiebeln
- Salz, Pfeffer aus der Mühle
- 125 g Butterkäse
- 1 Bund Dill

1. Die Kartoffeln unter fließendem Wasser gründlich waschen und der Länge nach halbieren.

2. Die Kartoffeln auf ein Backblech setzen, mit Sesam bestreuen. Je nach Geschmack mit einigen Tropfen Olivenöl beträufeln und im auf 180–200 °C vorgeheizten Backofen je nach Größe der Kartoffeln in 40–50 Minuten backen.

3. Die Pfifferlinge putzen, die Schmorgurken ebenfalls putzen, halbieren, mit einem Teelöffel das Kerngehäuse herauslösen. Anschließend die Gurken in mundgerechte Stücke schneiden.

4. Die Butter oder Margarine in einer Pfanne erhitzen und den in feine Würfel geschnittenen Speck darin anschwitzen.

5. Die Zwiebeln schälen, in feine Würfel schneiden, zum Speck geben und kurz mitbraten.

6. Die Pfifferlinge und die Gurken hinzufügen. Das Ganze bei mäßiger Hitze 8–10 Minuten schmoren.

7. Mit Salz und Pfeffer kräftig abschmecken. Den Butterkäse in Würfel schneiden, untermischen, den Deckel auflegen und solange garen, bis der Käse geschmolzen ist.

8. Das Schmorgurken-Pfifferlingsgemüse dekorativ anrichten. Mit dem verlesenen, gewaschenen und fein gehackten Dill bestreuen. Die Sesamkartoffeln dazugeben, ausgarnieren und sofort servieren.

Austernpilze in Speckrahm

FÜR 4 PERSONEN:

- 600 g Austernpilze
- 150 g durchwachsener, geräucherter Speck
- 3–4 EL Butter oder Margarine
- 1 Zwiebel
- 2 Becher Sahne
- Salz, Pfeffer aus der Mühle
- 1 Prise Muskat
- 1 Prise Cayennepfeffer
- einige Tropfen Zitronensaft
- einige Tropfen Worcestersauce
- 3–4 EL geriebener Parmesan
- 4 Portionen Butterreis

1. Die Austernpilze putzen und in mundgerechte Stücke schneiden.

2. Den Speck in feine Würfel schneiden. Die Butter oder Margarine in einer Pfanne erhitzen und den Speck darin unter ständigem Rühren braten.

3. Die Zwiebel schälen, fein hacken, mit den Austernpilzen zum Speck geben und 5 Minuten mitgaren.

4. Die Sahne angießen und bei starker Hitze kurz einreduzieren lassen. Das Ganze mit Salz, Pfeffer, Muskat, Cayennepfeffer, Zitronensaft und Worcestersauce kräftig abschmecken.

5. Den geriebenen Parmesankäse untermischen. Den Reis dekorativ anrichten, die Austernpilze in Speckrahm dazugeben, ausgarnieren und servieren.

Pilzpfännchen mit Käse

FÜR 4 PERSONEN:

- 500 g Mischpilze
- Saft von 2 Zitronen
- 3-4 EL Butter oder Margarine
- 1 Bund Frühlingszwiebeln
- 6 Eier
- 1 Schuß Milch
- Salz, Pfeffer aus der Mühle
- 1 Prise Muskat
- 1 Prise Cayennepfeffer
- 2 Bund Schnittlauch
- 150 g geriebener Butterkäse

1. Die Mischpilze putzen, in mundgerechte Stücke schneiden, mit Zitronensaft beträufeln und kurz ziehen lassen.

2. Die Butter in einer Pfanne erhitzen und die geputzten und kleingeschnittenen Frühlingszwiebeln unter ständigem Rühren braten.

3. Die Pilze dazugeben und bei mäßiger Hitze 5 Minuten garen.

4. Die Eier in eine Schüssel geben, etwas Milch angießen und mit dem Schneebesen verschlagen.

5. Die Eier mit Salz, Pfeffer, Muskat und Cayennepfeffer abschmecken und den verlesenen, gewaschenen und fein geschnittenen Schnittlauch untermischen.

6. Die Eier zu den Pilzen geben und unter ständigem Rühren stocken lassen.

7. Den geriebenen Käse gleichmäßig darüber streuen und unter dem Grill kurz überbacken.

8. Das Pilzpfännchen anrichten, mit Tomatenscheiben und Gurkenscheiben ausgarnieren und servieren.

Bandnudeln mit Pilzen

FÜR 4 PERSONEN:

400 g Bandnudeln
Salzwasser, 1–2 EL Olivenöl
Außerdem:
500 g frische Pilze
4 EL Butter, 2 Knoblauchzehen
4 Tomaten
1 Tasse gemischte, gehackte Kräuter (Petersilie, Thymian, Schnittlauch, Salbei)
1/2 Tasse trockener Wermut
1/2 Tasse Weißwein
1 Becher Crème fraîche
Salz, Pfeffer aus der Mühle
1 Prise Muskat
1 Prise Cayennepfeffer

1. Die Bandnudeln im Salzwasser mit dem Olivenöl bißfest garen, abgießen, abschrecken, abtropfen lassen und bereitstellen.

2. Die Pilze putzen, in mundgerechte Stücke schneiden. Die Butter in einer Pfanne erhitzen und die geschälten und fein gehackten Knoblauchzehen darin anschwitzen.

3. Die Pilze dazugeben und bei mäßiger Hitze 5 Minuten dünsten.

4. Die Tomaten enthäuten, entkernen, in Würfel schneiden, mit den fein gehackten Kräutern unter die Pilze heben.

5. Mit Wermut und Weißwein ablöschen, die Crème fraîche einrühren. Das Ganze mit Salz, Pfeffer, Muskat und Cayennepfeffer würzen.

6. Die Pilze einmal aufkochen lassen, die Nudeln unterheben, durchschwenken, erhitzen, nochmals abschmecken, anrichten, ausgarnieren und servieren.

Pilzragout mit Würstchen

FÜR 4 PERSONEN:

500 g frische Pilze
Saft von 2 Zitronen
4 Paar weiße oder rote Bratwürste
2–3 EL Butterschmalz
2 Knoblauchzehen, 1 Zwiebel
1 rote Paprikaschote
1 grüne Paprikaschote
2 Tassen Sangrita pikante
2 Tassen gebundene Bratensauce
Salz, Pfeffer aus der Mühle
1 EL Curry
1 EL Paprikapulver edelsüß
4 Tomaten
1 Bund Schnittlauch
1 Becher saure Sahne

1. Die Pilze verlesen, putzen, kleinschneiden und mit Zitronensaft beträufeln.

2. Die Bratwürste in Scheiben schneiden.

3. Das Butterschmalz erhitzen. Die fein gehackten Knoblauchzehen sowie die geschälte und fein geschnittene Zwiebel darin glasig schwitzen.

4. Die Bratwurststücke dazugeben und unter ständigem Rühren braten.

5. Die Paprikaschoten putzen, waschen, abtropfen lassen, in Streifen schneiden, in die Pfanne geben und ebenfalls kurz mitbraten.

6. Mit Sangrita pikante und der gebundenen Bratensauce auffüllen. Mit Salz, Pfeffer, Curry und Paprikapulver abschmecken und bei mäßiger Hitze 6-8 Minuten köcheln lassen.

7. Die Tomaten enthäuten, entkernen, in Würfel schneiden und untermischen.

8. Den Schnittlauch verlesen, waschen, fein schneiden. Mit der sauren Sahne vermischen und die Sahne mit Salz und Pfeffer würzen.

9. Das Pilzragout anrichten, mit der Schnittlauchsahne überziehen, ausgarnieren und sofort servieren.

Schinken-Sahne-Nudeln mit Pilzen

FÜR 4 PERSONEN:

- 300 g Hörnchennudeln
- Salzwasser
- 1–2 EL Olivenöl
- 500 g frische Pilze
- Saft von 1 Zitrone
- einige Tropfen Weißwein
- einige Tropfen Madeira
- 100 g gekochter Schinken
- 2–3 EL Butter
- 1 Zwiebel
- 2 Becher Sahne
- Salz, Pfeffer aus der Mühle
- 1 Prise Muskat
- 1 Prise Cayennepfeffer
- einige Tropfen Worcestersauce
- 1 Bund Petersilie

1. Die Hörnchennudeln im Salzwasser mit dem Olivenöl bißfest garen, abgießen, abschrecken, gut abtropfen lassen und bereitstellen.

2. Die Pilze putzen und in mundgerechte Stücke schneiden. Mit Zitronensaft, Weißwein und Madeira beträufeln und 10 Minuten ziehen lassen.

3. Den Schinken in feine Würfel oder Streifen schneiden. Die Butter in einer Pfanne erhitzen und den Schinken mit der geschälten und fein gehackten Zwiebel darin glasig schwitzen.

4. Die Pilze dazugeben und 5 Minuten dünsten.

5. Die Sahne angießen, das Ganze einmal aufkochen lassen. Mit Salz, Pfeffer, Muskat, Cayennepfeffer und Worcestersauce abschmekken. Die Sahne anschließend kurz einreduzieren lassen.

6. Die Nudeln unterheben. Das Ganze durchschwenken, erhitzen, nochmals abschmecken, anrichten, ausgarnieren und mit der verlesenen, gewaschenen und fein gehackten Petersilie bestreut servieren.

Pilze mit Kräuterbutter

FÜR 4 PERSONEN:

- 600 g frische Pilze
- Saft von 2 Zitronen
- 2–3 EL Butter oder Margarine
- 100 g roher, geräucherter Schinken
- 2 Zwiebeln
- 1 Schuß Weißwein
- 100 g Butter
- 2 Tassen gemischte, gehackte Kräuter (Petersilie, Melisse, Brunnenkresse, Schnittlauch, Estragon)
- Salz, Pfeffer aus der Mühle
- 1 Prise Muskat
- 1 Prise Cayennepfeffer
- 1 Prise Zucker

1. Die Pilze verlesen, putzen und in mundgerechte Stücke schneiden, mit Zitronensaft beträufeln.

2. Die Butter oder Margarine in einer Pfanne erhitzen und den in feine Würfel geschnittenen Schinken darin kurz anschwitzen.

3. Die Zwiebeln schälen, fein hacken, zum Schinken geben und kurz mitschwitzen.

4. Die Pilze untermischen und bei mäßiger Hitze 5 Minuten dünsten.

5. Das Ganze mit Weißwein ablöschen. Die Butter und die verlesenen, gewaschenen und fein gehackten Kräuter untermischen.

6. Die Pilze mit Salz, Pfeffer, Muskat, Cayennepfeffer und Zucker abschmecken.

7. Die Pilze anrichten, mit Kräuterzweigen ausgarnieren und sofort servieren.

Rigatoni mit Waldpilzen

FÜR 4 PERSONEN:

300 g Rigatoni
Salzwasser, 1–2 EL Olivenöl
Außerdem:
600 g frische Pilze
Saft von 2 Zitronen
1 Tasse Olivenöl
2-3 Knoblauchzehen
1 Tasse Gemüsebrühe
2 Tassen gemischte, gehackte Kräuter (Oregano, Basilikum, Petersilie)
Salz, Pfeffer aus der Mühle
1 Prise Cayennepfeffer
2 Tassen geriebener Parmesan

1. Die Rigatoni im Salzwasser mit dem Olivenöl bißfest garen, abgießen, abschrecken, abtropfen lassen und bereitstellen.

2. Die Pilze verlesen, putzen und kleinschneiden. Mit Zitronensaft beträufeln und bereitstellen.

3. Das Olivenöl in einer Pfanne erhitzen und die geschälten und fein gehackten Knoblauchzehen darin anschwitzen.

4. Die Pilze dazugeben und 4-5 Minuten dünsten.

5. Anschließend die Gemüsebrühe angießen und die verlesenen, gewaschenen und fein gehackten Kräuter untermischen.

6. Die Pilze mit Salz, Pfeffer und Cayennepfeffer abschmecken. Die Rigatoni dazugeben, durchschwenken, erhitzen, nochmals abschmecken, anrichten, ausgarnieren. Mit dem geriebenen Parmesankäse bestreut servieren.

Überbackene Speckbrötchen

FÜR 4 PERSONEN:

8 Roggenbrötchen
1–2 EL Butter
75 g durchwachsener, geräucherter Speck
1 Bund Frühlingszwiebeln
500 g frische Pilze
Saft von 1 Zitrone
4 Tomaten
1 TL Majoran
1 TL Thymian
Salz, Pfeffer aus der Mühle
1 Prise Cayennepfeffer
4 Eier
1 Schuß Sahne
125 g geriebener Butterkäse
1 Bund Schnittlauch

1. Die Roggenbrötchen halbieren und auf ein Backblech setzen.

2. Die Butter erhitzen und den in feine Würfel geschnittenen Speck darin auslassen.

3. Die Frühlingszwiebeln putzen, kleinschneiden, zum Speck geben und glasig schwitzen.

4. Die Pilze verlesen, putzen, kleinschneiden, mit Zitronensaft beträufeln, zu den Speckzwiebeln geben und 5 Minuten dünsten.

5. Die Tomaten enthäuten, entkernen, in Würfel schneiden und unter die Pilze heben.

6. Mit Majoran, Thymian, Salz, Pfeffer und Cayennepfeffer kräftig würzen.

7. Die Eier mit der Sahne verschlagen, unter die Pilze heben und unter ständigem Rühren stocken lassen. Vom Feuer nehmen und gleichmäßig auf den Brötchenhälften anrichten.

8. Den geriebenen Käse gleichmäßig darüber verstreuen. Das Ganze im auf 200 °C vorgeheizten Backofen 15 Minuten garen.

9. Die Pilzbrötchen dekorativ anrichten, mit frisch geschnittenem Schnittlauch bestreuen, ausgarnieren und sofort servieren.

Shiitake-Ragout

FÜR 4 PERSONEN:

- 500 g frische Shiitake-Pilze
- Saft von 1 Zitrone
- 1/2 Tasse Sojasauce
- 4 EL Mehl
- 50 g Butter oder Margarine
- 1 Zwiebel
- 1 Schuß Weißwein
- 1/4 l Gemüsebrühe
- 1 Becher Sahne
- 1 EL Curry
- Salz, Pfeffer aus der Mühle
- 1 Prise Muskat
- 2–3 EL Obstessig
- 1 Prise Zucker
- 1 Bund Schnittlauch
- 4 Portionen bißfest gegarter Reis

1. Die Shiitake-Pilze putzen, kleinschneiden, mit Zitronensaft beträufeln und in eine Schüssel geben.

2. Die Sojasauce gleichmäßig darüber träufeln und die Pilze 10-15 Minuten ziehen lassen.

3. Anschließend die Pilze mit dem Mehl bestauben und gut durchmischen.

4. Die Butter oder Margarine in einer Pfanne erhitzen und die geschälte und fein gehackte Zwiebel darin glasig schwitzen.

5. Die Pilze dazugeben und unter ständigem Rühren kurz braten.

6. Mit Weißwein ablöschen, mit der Gemüsebrühe auffüllen und 5 Minuten köcheln lassen.

7. Die Sahne angießen, erneut aufkochen lassen. Mit Curry, Salz, Pfeffer, Muskat, Obstessig und Zucker kräftig abschmecken.

8. Den Schnittlauch verlesen, waschen, fein schneiden. Den Reis mit den Shiitake-Pilzen anrichten. Die Pilze mit Schnittlauch bestreuen, ausgarnieren und sofort servieren.

Unser Tip:

⇨ Shiitake-Pilze schmecken ganz vorzüglich, leider sind sie nicht immer im Handel erhältlich. Anstelle der Shiitake-Pilze können Sie auch Maronen verwenden.

Blätterteig-pastetchen mit Wald-pilzen

FÜR 4 PERSONEN:

4 Scheiben Blätterteig (TK-Produkt)
500 g frische Waldpilze
Saft von 2 Zitronen
einige Tropfen Weißwein
2–3 EL Butter oder Margarine
1 Zwiebel
1/2 Becher Sahne
einige Tropfen Worcestersauce
einige Tropfen Orangensaft
Salz, Pfeffer aus der Mühle
1 Prise Muskat
1 Prise Cayennepfeffer
1 Prise Zucker
1 Bund Basilikum

1. Die Blätterteigscheiben auf einer bemehlten Arbeitsfläche auftauen lassen und zu Quadraten schneiden.

2. Die Blätterteigstücke auf ein mit Wasser benetztes Backblech setzen und im auf 200 °C vorgeheizten Backofen in 15 Minuten backen.

3. In der Zwischenzeit die Waldpilze verlesen, putzen, kleinschneiden, mit Zitronensaft und Weißwein beträufeln.

4. Die Butter oder Margarine in einer Pfanne erhitzen und die geschälte und fein gehackte Zwiebel darin glasig schwitzen.

5. Die Pilze dazugeben und unter ständigem Rühren braten.

6. Die Sahne angießen und bei starker Hitze zu einer sämigen Sauce verkochen lassen.

7. Die Pilze mit Worcestersauce, Orangensaft, Salz, Pfeffer, Muskat, Cayennepfeffer und Zucker kräftig abschmecken. Das verlesene, gewaschene und fein geschnittene Basilikum untermischen.

8. Die Blätterteigpastetchen anrichten, je nach Geschmack halbieren, das Waldpilzragout dazugeben, ausgarnieren und sofort servieren.

Pfannkuchen mit Pilzen

FÜR 4 PERSONEN:

250 g Mehl, 1 Prise Salz
3 Eier, 1/2 l Milch
Butter zum Ausbacken

Außerdem:

500 g frische Pilze
2–3 EL Butter oder Margarine
1 Zwiebel
1 Stange Lauch
1/4 l gebundene helle Sauce
1 Becher Sahne
1 Tasse gemischte, gehackte Kräuter
einige Tropfen Zitronensaft
einige Tropfen Worcestersauce
Salz, Pfeffer aus der Mühle
1 Prise Cayennepfeffer
75 g Kräuterschmelzkäse

1. Aus dem Mehl, dem Salz, den Eiern und der Milch einen Pfannkuchenteig herstellen.

2. Butter erhitzen und portionsweise die Pfannkuchen ausbacken, herausnehmen und warm stellen.

3. Die Pilze verlesen, putzen, kleinschneiden. Die Butter oder Margarine in einer Pfanne erhitzen und die geschälte und fein gehackte Zwiebel darin glasig schwitzen.

4. Den Lauch putzen, in feine Streifen schneiden, zur Zwiebel geben und kurz mitschwitzen.

5. Die Pilze unterrühren und das Ganze bei mäßiger Hitze 5 Minuten dünsten.

6. Die gebundene helle Sauce und die Sahne angießen und kurz einreduzieren lassen.

7. Die verlesenen, gewaschenen und fein gehackten Kräuter unter die Pilze ziehen. Das Ganze mit Zitronensaft, Worcestersauce, Salz, Pfeffer und Cayennepfeffer abschmecken.

8. Zum Schluß den Kräuterschmelzkäse in die Sauce geben und vollständig auflösen lassen.

9. Die Pfannkuchen anrichten, mit den Pilzen füllen. Die Pfannkuchen zusammenklappen, ausgarnieren und sofort servieren.

Gebackene Pilze

FÜR 4 PERSONEN:

- 200 g Mehl
- 1 Prise Salz
- 1/4 l Bier
- 2 Eigelb
- 1 EL Olivenöl
- 2 Eiweiß
- 800 g frische Pilze
- Saft von 2 Zitronen
- einige Tropfen Weißwein
- Salz, Pfeffer aus der Mühle
- 4 EL Mehl oder Speisestärke
- Pflanzenfett zum Ausbacken

1. Das Mehl mit dem Salz, dem Bier, den Eigelben und dem Olivenöl in eine Schüssel geben und einen glatten Teig rühren.

2. Das Eiweiß zu steifem Schnee schlagen und vorsichtig unter den Teig heben.

3. Die Pilze verlesen, putzen, mit Zitronensaft und Weißwein beträufeln, mit Salz und Pfeffer würzen und kurz ziehen lassen.

4. Anschließend die Pilze mit Mehl oder Speisestärke bestauben und in den Backteig geben.

5. Das Pflanzenfett in einem großen Topf erhitzen. Die Pilze aus dem Teig nehmen und im erhitzten Fett goldgelb ausbacken, herausnehmen, gut abtropfen lassen, anrichten. Mit Sauce Remoulade oder einer anderen Sauce Ihrer Wahl servieren.

Bunte Salatideen

Feiner Mittagssalat

FÜR 4 PERSONEN:

- 250 g gekochtes oder gebratenes Fleisch
- 100 g Löwenzahnsalat
- 100 g Spinatsalat, 4 EL Olivenöl
- 2 Zwiebeln, 2 Karotten
- 1 rote Paprikaschote
- 400 g frische Pilze
- 1 Tasse Gemüsebrühe
- 1/2 Tasse Estragonessig
- Saft von je 1 Zitrone, 1 Orange
- Salz, Pfeffer aus der Mühle
- 1 Prise Cayennepfeffer
- 1 Prise Zucker
- 75 g Haselnußkerne
- 1 Glas Wachteleier
- 1 Bund Petersilie

1. Das Fleisch in feine Streifen schneiden.

2. Den Löwenzahnsalat und den Spinat verlesen, waschen, mit dem Fleisch vermischen und dekorativ auf Tellern anrichten.

3. Das Öl erhitzen und die in Scheiben geschnittenen Zwiebeln darin anschwitzen.

4. Die Karotten und die Paprikaschote putzen, in feine Streifen schneiden, zu den Zwiebeln geben und mitdünsten.

5. Die Pilze putzen, kleinschneiden und 4 Minuten mitbraten.

6. Die Brühe, den Estragonessig, den Zitronensaft und den Orangensaft angießen und aufkochen lassen.

7. Das Ganze mit Salz, Pfeffer, Cayennepfeffer und Zucker abschmecken und noch warm auf dem Salat anrichten.

8. Den Salat mit gehackten Haselnußkernen bestreuen. Die Wachteleier vierteln, darauf verteilen und mit der fein gehackten Petersilie bestreuen.

9. Den feinen Mittagssalat ausgarnieren und servieren.

Pilzsalat mit Geflügelleber

FÜR 4 PERSONEN:

- 500 g Geflügelleber
- 4 cl Madeira
- 1 EL Kräuter der Provence
- 2-3 EL Butterschmalz
- 2 Knoblauchzehen
- Salz, Pfeffer aus der Mühle
- 1 Schuß Rotwein
- 200 g Feldsalat
- 250 g frische Pilze
- Saft von 1 Zitrone
- 100 g Sojabohnenkeimlinge
- 100 g Cocktailtomaten
- 1 Kästchen Kresse
- 1 Tasse Aceto balsamico
- 1 Tasse Olivenöl
- Kräuterzweige zum Garnieren

1. Die Geflügelleber kleinschneiden, mit Madeira beträufeln, mit Kräutern der Provence würzen und 15 Minuten ziehen lassen.

2. Das Schmalz erhitzen, die geschälte und fein gehackte Knoblauchzehe darin anschwitzen und die Geflügelleber darin unter ständigem Rühren braten.

3. Die Leber mit Salz und Pfeffer würzen, mit Rotwein ablöschen, vom Feuer nehmen und bereitstellen.

4. Den Feldsalat waschen, abtropfen lassen. Die Pilze putzen, kleinschneiden, mit Zitronensaft beträufeln.

5. Die Keimlinge waschen, abtropfen lassen. Die Tomaten putzen und halbieren. Die Kresse verlesen, waschen, abtropfen lassen und kleinschneiden.

6. Die Salatzutaten vermischen und anrichten.

7. Den Salat mit Aceto balsamico und Olivenöl beträufeln, mit Salz und Pfeffer würzen. Die noch warme Leber darauf verteilen.

8. Den Salat mit Kräuterzweigen ausgarnieren und sofort servieren.

Foto Seite 68/69

Feiner Salat mit Entenbrustfilet

FÜR 4 PERSONEN:

50 g Eichblattsalat
50 g Bataviasalat
50 g Eisbergsalat
250 g frische Waldpilze
Saft von 1 Zitrone
50 g frische Himbeeren
50 g frische Brombeeren
50 g frische Johannisbeeren
1 Tasse Aceto balsamico
1 Tasse kaltgepreßtes Olivenöl
Salz, Pfeffer aus der Mühle
4 Entenbrustfilets
3–4 EL Olivenöl
1 TL Kräuter der Provence
2–3 Frühlingszwiebeln
1/2 Bund Petersilie

Unser Tip:

⇨ Es müssen nicht immer Entenbrustfilets sein, genausogut können Sie eine gebratene Leber, Hähnchenbrust aber auch Fischfilets für Ihren Salat verwenden.

1. Die Blattsalate verlesen, waschen, gut abtropfen lassen und in mundgerechte Stücke zerpflücken.

2. Die Pilze verlesen, putzen, kleinschneiden und mit Zitronensaft beträufeln.

3. Die Himbeeren, die Brombeeren und die Johannisbeeren verlesen, waschen, abtropfen lassen. Mit den restlichen Zutaten auf Tellern anrichten.

4. Den Salat mit Aceto balsamico und Olivenöl beträufeln, mit Salz und Pfeffer würzen.

5. Die küchenfertigen Entenbrustfilets waschen, trockentupfen. Das Olivenöl in einer Pfanne erhitzen und die Entenbrustfilets darin rundherum Farbe annehmen lassen.

6. Die Entenbrustfilets mit Kräutern der Provence bestreuen. Die geputzten Frühlingszwiebeln kleinschneiden und dazugeben.

7. Die Entenbrustfilets in den auf 180-200 °C vorgeheizten Backofen schieben und je nach Geschmack 15 Minuten garen.

8. Nach Ende der Garzeit die Entenbrustfilets mit Salz und Pfeffer würzen, in Scheiben schneiden. Mit den Frühlingszwiebeln auf den Salat geben, ausgarnieren. Mit der verlesenen, gewaschenen und fein gehackten Petersilie bestreuen und sofort servieren.

Brotzeitsalat mit Egerlingen

FÜR 4 PERSONEN:

- 250 g Egerlinge
- Saft von 1 Zitrone
- 400 g gekochte Ochsenbrust
- 250 g Butterkäse
- 6 hart gekochte Eier
- 1 kleiner Kopf Eisbergsalat
- 1 Becher Joghurt
- 100 g Magerquark
- 1/2 Becher Sahne
- 1 Zwiebel, 2 Bund Dill
- 2 EL mittelscharfer Senf
- 3-4 EL Obstessig
- Salz, Pfeffer aus der Mühle
- 1 Prise Cayennepfeffer
- 1 Prise Zucker

1. Die Egerlinge putzen, in Scheiben schneiden, mit Zitronensaft beträufeln und bereitstellen.

2. Die Ochsenbrust in feine Streifen schneiden, ebenso den Butterkäse.

3. Die Eier pellen, achteln. Den Eisbergsalat verlesen, waschen, gut abtropfen lassen und auf vier Teller verteilen.

4. Die Egerlinge, die Ochsenbrust und den Butterkäse gleichmäßig auf den Eisbergsalat geben und die Eiachtel darauf anrichten.

5. Den Joghurt mit dem Magerquark und der Sahne glattrühren. Mit der geschälten und fein geriebenen Zwiebel, dem verlesenen, gewaschenen und fein gehackten Dill, dem Senf und dem Obstessig verrühren.

6. Das Dressing mit Salz, Pfeffer, Cayennepfeffer und Zucker kräftig abschmecken und gleichmäßig auf dem Salat verteilen.

7. Den Brotzeitsalat ausgarnieren und sofort servieren.

Nudelsalat mit Pilzen

FÜR 4 PERSONEN:

- 300 g Spirelli
- Salzwasser, 1–2 EL Olivenöl
- 400 g frische Pilze
- Saft von 1 Zitrone
- 3–4 EL Olivenöl
- 1 Zwiebel
- 1 rote Paprikaschote
- 1 grüne Paprikaschote
- 100 g gekochter Schinken
- 1 Schuß Weißwein

Für das Dressing:

- 1 Becher saure Sahne
- 1 Tasse Mayonnaise
- je 2–3 EL Tomatenketchup, Senf, Obstessig, Johannisbeergelee
- 1 EL Curry
- Salz, Pfeffer aus der Mühle

1. Die Spirelli im Salzwasser mit dem Öl bißfest garen, abgießen, abtropfen lassen und bereitstellen.

2. Die Pilze verlesen, putzen, kleinschneiden, mit Zitronensaft beträufeln.

3. Das Öl erhitzen und die in Scheiben geschnittene Zwiebel glasig schwitzen.

4. Die Paprikaschoten putzen, in Streifen schneiden, mit den Pilzen zu den Zwiebeln geben und kurz braten.

5. Den Schinken in feine Streifen schneiden, zu den Pilzen geben und mitschwitzen. Das Ganze mit Weißwein ablöschen und einmal aufkochen lassen.

6. Die Pilze vom Feuer nehmen, erkalten lassen, mit den Nudeln in eine Schüssel geben und alles vorsichtig miteinander vermischen.

7. Für das Dressing die saure Sahne mit der Mayonnaise, dem Ketchup, dem Senf, dem Obstessig und dem Johannisbeergelee glattrühren.

8. Das Dressing mit Curry, Salz und Pfeffer kräftig abschmecken und den Salat damit anmachen.

9. Den Salat im Kühlschrank kurz ziehen lassen, nochmals nachschmecken, anrichten, ausgarnieren und sofort servieren.

Champignon-Nudelsalat

FÜR 4 PERSONEN:

- 400 g bißfest gegarte bunte Schmetterlingsnudeln
- 400 g frische Champignons
- Saft von 1 Zitrone
- 2 rote Paprikaschoten
- 400 g Zuckerschoten
- 1/4 l Gemüsebrühe
- 8 Scheiben Lachsschinken
- 8 EL Essig
- 2 Knoblauchzehen
- 1 Bund Schnittlauch
- 2 EL Senf
- 6 EL Olivenöl

1. Die fertig gegarten Nudeln in eine Schüssel geben.

2. Die Champignons putzen, in Scheiben schneiden, mit Zitronensaft beträufeln und unter die Nudeln heben.

3. Die Paprikaschoten putzen, halbieren, entkernen und in feine Streifen oder Würfel schneiden, zum Salat geben.

4. Die Zuckerschoten putzen, kleinschneiden, in der Gemüsebrühe bißfest garen, herausnehmen, gut abtropfen lassen. Mit dem in Streifen geschnittenen Schinken unter die Nudeln heben.

5. Den Essig in eine Schüssel geben. Die geschälten und fein gehackten Knoblauchzehen sowie den verlesenen, gewaschenen und fein geschnittenen Schnittlauch und den Senf einrühren.

6. Das Öl tropfenweise in die Marinade geben und den Salat damit anmachen.

7. Den Salat nach Geschmack mit Salz und Pfeffer nachwürzen, kurz ziehen lassen, anrichten, ausgarnieren und sofort servieren.

Sommerlicher Salat mit Austernpilzen

FÜR 4 PERSONEN:

- 1 Kopf Friséesalat
- 2 Zucchini, 2 Karotten
- 1 Handvoll Kapuzinerkresse
- einige Tropfen Olivenöl
- Aceto balsamico
- Salz, Pfeffer aus der Mühle
- 2–3 EL Olivenöl
- 1 Zwiebel
- 400 g Austernpilze
- 1 Tasse Gemüsebrühe
- 1 Prise Cayennepfeffer
- 1 Prise Zucker
- Kapuzinerkresseblüten zum Garnieren

1. Den Friséesalat verlesen, waschen, abtropfen lassen und in Stücke zerpflücken.

2. Die Zucchini putzen, in Scheiben schneiden. Die Karotten schälen und in dünne Scheiben schneiden.

3. Die Kapuzinerkresse verlesen, waschen, abtropfen lassen. Mit den restlichen Salatzutaten vermischen und dekorativ anrichten.

4. Den Salat mit Öl und Aceto balsamico beträufeln, mit Salz und Pfeffer würzen.

5. Das Olivenöl erhitzen und die geschälte und fein gehackte Zwiebel darin glasig schwitzen.

6. Die Austernpilze kleinschneiden, zu den Zwiebeln geben und kurz braten.

7. Die Gemüsebrühe angießen, das Ganze erhitzen und 5 Minuten köcheln lassen.

8. Die Austernpilze mit Salz, Pfeffer, Cayennepfeffer, Zucker und Obstessig abschmecken und noch warm auf dem Salat anrichten.

9. Die Kapuzinerkresseblüten verlesen, den Salat damit ausgarnieren und servieren.

Überbackene Pilzbrötchen

FÜR 4 PERSONEN:

- 400 g Blattsalat nach Wahl
- 100 g gekeimte Sonnenblumenkerne
- 100 g Kirschtomaten
- Aceto balsamico, Olivenöl
- Salz, Pfeffer aus der Mühle
- 1–2 EL Olivenöl
- 75 g durchwachsener, geräucherter Speck
- 1 Zwiebel, 500 g frische Pilze
- Saft von 1 Zitrone
- 1 Tasse Gemüsebrühe
- 1 Becher Sahne
- 1/2 Tasse Apfelessig
- 2–3 EL Honig
- 1 Tasse gehackte Kräuter
- Kräuterzweige zum Garnieren

1. Die Blattsalate verlesen, waschen, abtropfen lassen, in Stücke zerpflücken und dekorativ anrichten.

2. Die Sonnenblumenkerne ebenfalls waschen, abtropfen lassen, mit den geviertelten Kirschtomaten auf dem Salat anrichten.

3. Den Salat mit Aceto balsamico und Öl beträufeln, mit Salz und Pfeffer würzen.

4. Das Öl erhitzen und den in feine Würfel geschnittenen Speck darin auslassen.

5. Die Zwiebel fein hacken, mit den kleingeschnittenen Pilzen zum Speck geben und kurz anbraten.

6. Mit Zitronensaft beträufeln, mit der Gemüsebrühe und der Sahne auffüllen und einreduzieren lassen.

7. Den Apfelessig und den Honig unter die Pilze ziehen. Die verlesenen, gewaschenen und feingehackten Kräuter dazugeben. Das Ganze mit Salz und Pfeffer würzen.

8. Die noch warmen Pilze gleichmäßig auf den Blattsalaten verteilen. Das Ganze ausgarnieren und sofort servieren.

Käse-Pfifferling-Salat

FÜR 4 PERSONEN:

- 2 rote Zwiebeln
- 100 g Frühstücksspeckscheiben
- 400 g Pfifferlinge
- 1/2 Tasse Aceto balsamico
- 1/2 Tasse Olivenöl
- Salz, Pfeffer aus der Mühle
- 400 g Camembert
- 1 Kopf Lollo Rosso
- 1 Bund Petersilie

1. Die Zwiebeln schälen und in Ringe schneiden. Den Speck in Stücke schneiden.

2. Die Pfifferlinge putzen und kleinschneiden.

3. Den Speck in einer Pfanne kroß braten, herausnehmen und bereitstellen.

4. Die Pfifferlinge und die Zwiebelringe ins verbliebene Speckfett geben und unter ständigem Rühren kurz braten.

5. Den Aceto balsamico und das Olivenöl hinzugießen, das Ganze mit Salz und Pfeffer würzen.

6. Die Pilze vom Herd nehmen und auskühlen lassen.

7. Den Camembert in Scheiben schneiden. Den Lollo Rosso verlesen, waschen, abtropfen lassen und in mundgerechte Stücke zerpflücken.

8. Die Petersilie verlesen, waschen und fein hacken.

9. Den Salat mit dem Käse und den Pilzen auf Tellern dekorativ anrichten, mit Petersilie bestreuen, ausgarnieren und servieren.

Pilzgeschnetzeltes auf Wildkräutern

FÜR 4 PERSONEN:

800 g frische Pilze
Saft von 2 Zitronen
1 Tasse Olivenöl
2 Knoblauchzehen, 2 Zwiebeln
1/2 Tasse Sojasauce
1/2 Tasse Gemüsebrühe
2-3 EL Obstessig
2-3 EL Honig
Salz, Pfeffer aus der Mühle
1 EL Fünf-Gewürz-Pulver
Außerdem:
je 100 g junge Brennesselblätter, Löwenzahnblätter, Sauerampferblätter, junge Spinatblätter

1. Die Pilze verlesen, putzen, kleinschneiden, mit Zitronensaft beträufeln und kurz ziehen lassen.

2. Das Öl erhitzen. Die Knoblauchzehen und die Zwiebeln schälen, beides fein hacken, ins Öl geben und unter ständigem Rühren kurz braten.

3. Die Pilze dazugeben und 5 Minuten dünsten.

4. Die Sojasauce, die Brühe, den Obstessig und den Honig einrühren und kurz kochen lassen.

5. Die Pilze mit Salz, Pfeffer und Fünf-Gewürz-Pulver abschmecken.

6. Die Brennesselblätter, die Löwenzahnblätter, den Sauerampfer und den Spinat verlesen, waschen, in mundgerechte Stücke zerpflücken und auf Tellern anrichten.

7. Die noch warmen Pilze gleichmäßig darauf verteilen. Das Ganze ausgarnieren und sofort servieren.

Lauwarmer Waldpilzsalat mit Kalbsleber

FÜR 4 PERSONEN:

600 g Kalbsleber
1/2 Tasse Madeira
1/2 Tasse Rotwein
1 EL Thymian
1 Tasse Mehl
Butter zum Braten
Salz, Pfeffer aus der Mühle
1/4 l Bratensauce
Außerdem:
600 g frische Pilze
3–4 EL Haselnuß- oder Olivenöl
2–3 Schalotten
1 Schuß Himbeeressig
1 Tasse gemischte, gehackte Kräuter

1. Die Kalbsleber waschen, trockentupfen und in feine Streifen schneiden.

2. Die Leber mit Madeira und Rotwein beträufeln und mit Thymian bestreuen, im Kühlschrank mindestens zwei Stunden ziehen lassen.

3. Anschließend die Leber gut abtropfen lassen und in Mehl wenden.

4. Die Butter erhitzen und die Leber darin anbraten, mit Salz und Pfeffer würzen, herausnehmen und warm stellen.

5. Die Bratensauce bereitstellen. Die Pilze verlesen, putzen, kleinschneiden. Das Haselnuß- oder Olivenöl ins verbliebene Bratfett geben und braten.

6. Die Schalotten schälen, fein hacken, zu den Pilzen geben und kurz mitbraten.

7. Die Pilze mit der Bratensauce auffüllen und einmal aufkochen lassen.

8. Die Pilze mit Himbeeressig, Madeira, Rotwein, Salz und Pfeffer abschmecken. Die fein gehackten Kräuter mit der Leber unterheben, aber nicht mehr kochen lassen.

9. Vom Feuer nehmen, leicht erkalten lassen, in Cocktailschalen füllen, ausgarnieren und servieren.

Barberie-entenbrust auf Salat

FÜR 4 PERSONEN:

4 Barberieentenbrüstchen
Salz, Pfeffer aus der Mühle
1 TL Kräuter der Provence
Butterschmalz zum Braten
1 Knoblauchzehe
400 g Pfifferlinge
1 Schuß Weißwein
1 Becher Sahne
1 Prise Cayennepfeffer
1 Prise Zucker
einige Tropfen Obstessig
400 g gemischter Blattsalat
200 g Kirschtomaten
Aceto balsamico
einige Tropfen Olivenöl
1 Tasse Pinienkerne

1. Die Barberieentenbrustfilets unter fließendem Wasser waschen, trockentupfen. Mit Salz, Pfeffer und Kräutern der Provence würzen.

2. Das Butterschmalz in einer Pfanne erhitzen und die Entenbrustfilets darin auf beiden Seiten Farbe annehmen lassen.

3. Die Entenbrustfilets in den auf 180–200 °C vorgeheizten Backofen schieben und 10–15 Minuten braten.

4. Inzwischen etwas Butterschmalz in einer Pfanne erhitzen und die geschälte und fein gehackte Knoblauchzehe sowie die geschälte und in Würfel geschnittene Zwiebel darin anschwitzen.

5. Die Pfifferlinge putzen, je nach Bedarf kleinschneiden, zur Zwiebel geben und kurz mitbraten.

6. Mit Weißwein ablöschen und mit der Sahne auffüllen. Die Sauce kurz einreduzieren lassen und das Ganze mit Salz, Pfeffer, Cayennepfeffer, Zucker und Obstessig abschmecken.

7. Den Blattsalat verlesen, waschen, gut abtropfen lassen, in mundgerechte Stücke zerpflücken und auf Tellern anrichten.

8. Die Kirschtomaten putzen, in Scheiben schneiden und auf den Salat legen.

9. Den Salat mit Aceto balsamico und Olivenöl beträufeln, mit Salz und Pfeffer würzen.

10. Die Pinienkerne in einer Pfanne kurz rösten. Die fertigen Barberieentenbrustfilets in Scheiben schneiden, zum Salat geben. Das Ganze mit den Pilzen überziehen, mit Pinienkernen bestreuen, ausgarnieren und sofort servieren.

Spinatsalat mit Semmelfladen

FÜR 4 PERSONEN:

- 6 altbackene in 1/2 l Milch eingeweichte Brötchen
- 4 Eier, 4 EL Mehl
- Salz, Pfeffer aus der Mühle
- 1 Tasse gemischte, gehackte Kräuter
- 2–3 EL Olivenöl
- 200 g Blattspinat
- 400 g frische Pilze
- 1 Knoblauchzehe
- 2–3 EL Sonnenblumenkerne
- 150 g Fetakäse
- 2 EL Sherryessig, 1 Schalotte

1. Zu den Brötchen die Eier und das Mehl geben, mit Salz und Pfeffer würzen. Die gehackten Kräuter untermischen.

2. Das Ganze zu einem glatten, kompakten Teig verarbeiten. Das Öl erhitzen und den Teig portionsweise zu Fladen ausbacken.

3. Den Blattspinat waschen, abtropfen lassen und in Stücke zerpflücken.

4. Die Austernpilze putzen, kleinschneiden. Die Knoblauchzehe fein hacken. Etwas Öl in einer Pfanne erhitzen, Pilze und Knoblauch darin anbraten.

5. Die Sonnenblumenkerne untermischen. Den Fetakäse in Würfel schneiden, mit dem Blattspinat und den Pilzen dekorativ anrichten.

6. Das Ganze mit Sherryessig beträufeln. Die fein gehackte Schalotte darüber streuen. Die Semmelfladen dazu legen, das Ganze ausgarnieren und servieren.

Filetsalat Pilzliesel

FÜR 4 PERSONEN:

- 600 g Filet
- 1 EL geschrotete Pfefferkörner
- 1 EL geschrotete Wacholderbeeren
- Butterschmalz zum Braten
- 4 cl Weinbrand
- Salz, Pfeffer aus der Mühle
- 500 g frische Pilze
- Saft von 1 Zitrone
- 2 EL Butter, 1 Zwiebel
- 1 Schuß Weißwein
- 1 Tasse Gemüsebrühe
- 2 EL Dijon-Senf
- 1/2 Tasse Estragonessig
- 1 Prise Zucker
- 1 Tasse gemischte, gehackte Kräuter
- 1 Kopf Friséesalat
- Kräuterzweige zum Garnieren

1. Das küchenfertige Filet in Würfel schneiden und diese mit geschrotetem Pfeffer und Wacholderbeeren kräftig einreiben.

2. Das Schmalz erhitzen und das Fleisch darin medium oder durch braten.

3. Das Filet mit Weinbrand flambieren, mit Salz und Pfeffer würzen, vom Feuer nehmen und bereitstellen.

4. Die Pilze verlesen, putzen, mit Zitronensaft beträufeln. Die Butter erhitzen und die fein gehackte Zwiebel darin glasig schwitzen.

5. Die Pilze dazugeben und unter ständigem Rühren braten. Mit Weißwein ablöschen und mit der Gemüsebrühe auffüllen. Den Dijon-Senf und den Estragonessig dazugeben und mit Salz, Pfeffer und Zucker würzen.

6. Die Pilze 5 Minuten dünsten. Anschließend die verlesenen, gewaschenen und fein gehackten Kräuter untermischen.

7. Die Filetstreifen unterheben, aber nicht mehr kochen lassen. Den Friséesalat verlesen, waschen, in Stücke zerpflücken, gut abtropfen lassen und anrichten.

8. Die Pilze gleichmäßig auf dem Salat verteilen, dekorativ anrichten, mit Kräuterzweigen ausgarnieren und sofort servieren.

Wildschweinfilet auf Wolkenohrpilzen

FÜR 4 PERSONEN:

- 800 g Wildschweinfilet
- 1 EL geschrotete Pfefferkörner
- 1 EL geschrotete Wacholderbeeren
- 1 EL Kräuter der Provence
- Pflanzenfett zum Braten
- 4 cl Weinbrand
- Salz, Pfeffer aus der Mühle
- 2 EL Butter oder Margarine
- 400 g frische Wolkenohrpilze
- 1 Zwiebel, 1 Schuß Weißwein
- 1–2 EL Johannisbeergelee
- 1 Becher Sahne
- 2–3 EL Obstessig
- 1 Prise Cayennepfeffer
- 1 Tasse gehackte Kräuter
- 200 g Blattsalat (Brunnenkresse, Löwenzahn, Feldsalat)
- Kräuterzweige zum Garnieren

1. Das küchenfertige Wildschweinfilet waschen und trockentupfen. Mit geschroteten Pfefferkörnern, Wacholderbeeren und Kräutern der Provence einreiben.

2. Das Pflanzenfett erhitzen und das Filet darin je nach Geschmack medium oder durch braten.

3. Anschließend das Filet mit Weinbrand flambieren, mit Salz und Pfeffer würzen, in Alufolie wickeln und bereitstellen.

4. Die Butter ins verbliebene Bratfett geben und die kleingeschnittenen Wolkenohrpilze kurz anschwitzen.

5. Die Zwiebel schälen, fein hacken, zu den Pilzen geben und kurz mitschwitzen.

6. Mit Weißwein ablöschen, das Johannisbeergelee einrühren, die Sahne angießen und den Obstessig unterziehen. Die Sauce einreduzieren lassen und mit Salz, Pfeffer und Cayennepfeffer abschmecken.

7. Die Kräuter untermischen. Die Blattsalate waschen, in Stücke zerpflücken und auf Tellern anrichten.

8. Das Filet in Scheiben schneiden. Die Pilze auf dem Salat verteilen. Das Filet darauf anrichten, mit Kräuterzweigen ausgarnieren und servieren.

Schneller Champignonsalat

FÜR 4 PERSONEN:

- 500 g frische Champignons
- Saft von 1 Zitrone
- 400 g grüne Erbsen
- 1 Tasse Gemüsebrühe
- 4 Tomaten
- 1 Tasse gemischte Kräuter
- 1/2 Tasse Estragonessig
- 1/2 Tasse Distelöl
- 2 EL Dijon-Senf
- 2 EL Sahnemeerrettich
- Salz, Pfeffer aus der Mühle
- 1 Prise Cayennepfeffer
- 1 Prise Zucker
- Kräuterzweige zum Garnieren

1. Die Champignons putzen, in Scheiben schneiden, mit Zitronensaft beträufeln und in eine Schüssel geben.

2. Die Erbsen in der Brühe bißfest garen, herausnehmen, gut abtropfen lassen. Mit den enthäuteten, entkernten und in Würfel geschnittenen Tomaten unter die Champignons heben.

3. Die Kräuter verlesen, waschen, fein hacken und ebenfalls unter die Champignons heben.

4. Eine Tasse Erbsenbrühe abmessen, mit dem Estragonessig, dem Distelöl, dem Dijon-Senf und dem Sahnemeerrettich anrühren. Mit Salz, Pfeffer, Cayennepfeffer und Zucker abschmecken.

5. Den Champignonsalat mit dem Dressing anmachen, kurz ziehen lassen, nochmals nachschmekken, anrichten. Mit Kräuterzweigen ausgarnieren und sofort servieren.

Schlemmer-gerichte mit Pilzen

Waldpilz-pfanne

FÜR 4 PERSONEN:

- 800 g frische Waldpilze
- Saft von 2 Zitronen
- 2-3 EL Butter oder Margarine
- 2 Knoblauchzehen, 1 TL Salz
- 2 Zwiebeln
- 3–4 EL Tomatenmark
- 4 Tomaten
- 1 Glas Weißwein
- 1/4 l Gemüsebrühe
- 1 Becher saure Sahne
- Salz, Pfeffer aus der Mühle
- 1 Prise Cayennepfeffer
- 1 TL Paprikapulver
- einige Tropfen Zitronensaft
- einige Tropfen Worcestersauce
- 1 Tasse gemischte, gehackte Kräuter

1. Die Waldpilze putzen, kleinschneiden und mit Zitronensaft beträufeln.

2. Die Butter oder Margarine in einer Pfanne erhitzen und die mit Salz zerriebenen Knoblauchzehen darin anschwitzen.

3. Die Zwiebeln schälen, fein hacken, ins Knoblauchfett geben und kurz mitschwitzen.

4. Die Waldpilze dazugeben und bei mäßiger Hitze 5 Minuten schmoren lassen.

5. Das Tomatenmark einrühren. Die enthäuteten, entkernten und in Würfel geschnittenen Tomaten untermischen. Mit Weißwein ablöschen, mit der Gemüsebrühe auffüllen und einmal aufkochen lassen.

6. Die saure Sahne einrühren. Mit Salz, Pfeffer, Cayennepfeffer, Paprikapulver, Zitronensaft und Worcestersauce abschmecken.

7. Die verlesenen, gewaschenen und fein gehackten Kräuter untermischen. Die Waldpilzpfanne dekorativ anrichten, ausgarnieren und sofort servieren.

Pilzauflauf mit Zanderfilets

FÜR 4 PERSONEN:

750 g Zanderfilets
einige Tropfen Obstessig
einige Tropfen Zitronensaft
Salz, Pfeffer aus der Mühle
400 g frische Pilze
Saft von 1 Zitrone
3–4 EL Pflanzenmargarine
3 große Zwiebeln
4 mittelgroße Zucchini
1 EL Kräuter der Provence
Mehl zum Wenden
250 g kleine Tomaten
150 g Gouda in Scheiben

1. Die Zanderfilets waschen, in breite Stücke schneiden, mit Obstessig und Zitronensaft beträufeln, mit Salz und Pfeffer würzen. Im Kühlschrank 10 Minuten ziehen lassen.

2. Die Pilze putzen, kleinschneiden und mit Zitronensaft beträufeln.

3. Etwas Margarine erhitzen und die in Scheiben geschnittenen Zwiebeln darin glasig schwitzen.

4. Die Pilze dazugeben und kurz mitschwitzen. Die Zucchini putzen in Scheiben schneiden und unter die Pilze ziehen.

5. Das Ganze mit Kräutern der Provence, Salz und Pfeffer würzen und in eine ausgefettete, flache Auflaufform schichten.

6. Die Zanderstücke in Mehl wenden, etwas Margarine erhitzen und rundherum Farbe annehmen lassen.

7. Die Fische und die enthäuteten und in Stücke geschnittenen Tomaten auf das Gemüse verteilen, mit den Käsescheiben belegen. Im auf 200 °C vorgeheizten Backofen überbacken.

8. Den Auflauf herausnehmen, anrichten, ausgarnieren und sofort servieren.

Fischfilets auf Pilzgemüse

FÜR 4 PERSONEN:

4 küchenfertige Fischfilets
einige Tropfen Zitronensaft
einige Tropfen Worcestersauce
Salz, Pfeffer aus der Mühle
3–4 EL Butter
1 Zwiebel
400 g frische Pilze
Saft von 1 Zitrone
2 Karotten, 1 Fenchelknolle
2 Kohlrabis
3/8 l Gemüsebrühe
1/2 Tasse Obstessig
1 EL Apfeldicksaft
2 Lorbeerblätter, einige Nelken
1/2 Tasse Pernod
1 Bund Dill

1. Die Fischfilets in Stücke schneiden. Mit Zitronensaft und Worcestersauce beträufeln, mit Salz und Pfeffer würzen. Im Kühlschrank 10 Minuten ziehen lassen.

2. Inzwischen die Butter in einer Form erhitzen und die fein gehackte Zwiebel darin glasig schwitzen.

3. Die Pilze putzen, je nach Bedarf kleinschneiden, mit Zitronensaft beträufeln.

4. Die Karotten, die Fenchelknolle und die Kohlrabis putzen, in Würfel schneiden, mit den Pilzen zu den Zwiebeln geben und dünsten.

5. Die Gemüsebrühe mit dem Obstessig angießen, den Apfeldicksaft einrühren. Die Lorbeerblätter und die Nelken dazugeben und mit Pernod aromatisieren.

6. Die Fischfiletstücke auf die Pilze legen und das Ganze im auf 200 °C vorgeheizten Backofen 20 Minuten garen.

7. Die Fischfilets auf Pilzgemüse herausnehmen, dekorativ anrichten. Mit dem verlesenen, gewaschenen und fein gehackten Dill bestreuen und servieren.

Pilzgeschnetzeltes mit Nudeln

FÜR 4 PERSONEN:

- 300 g Nudeln
- Salzwasser
- 1–2 EL Olivenöl
- 600 g mageres Schweinefleisch
- 1 Zwiebel
- 500 g frische Champignons oder andere Pilze
- 4 Frühlingszwiebeln
- 4 Karotten
- 2–3 EL Sonnenblumenöl
- 1 Prise Meersalz
- Pfeffer aus der Mühle
- 1/4 l Gemüsebrühe
- 1 Prise Knoblauchgranulat
- 1 Tasse gemischte, gehackte Kräuter

1. Die Nudeln im Salzwasser mit dem Olivenöl bißfest garen, abgießen, abschrecken, abtropfen lassen und bereitstellen.

2. Das Schweinefleisch in dünne Streifen schneiden. Die Zwiebel schälen und fein hacken.

3. Die Champignons putzen, in feine Scheiben schneiden. Die Frühlingszwiebeln ebenfalls putzen, waschen, abtropfen lassen und in Ringe schneiden.

4. Die Karotten dünn schälen und in Streifen schneiden.

5. Das Öl in einer Pfanne erhitzen und nacheinander das Fleisch, die Zwiebeln, die Champignons, die Frühlingszwiebeln und die Karotten darin unter ständigem Rühren braten.

6. Alle Zutaten in die Pfanne geben und mit der Brühe ablöschen. Mit Salz, Pfeffer und Knoblauchgranulat würzen und einige Minuten köcheln lassen.

7. Die bißfest gegarten Nudeln erhitzen, mit dem Geschnetzelten anrichten. Mit der fein gehackten Petersilie bestreuen, ausgarnieren und servieren.

Unser Tip:

⇨ **Dieses Rezept ist sehr gut geeignet als Mittags- oder Abendgericht in einer Reduktionsphase. Als Getränk paßt dann sehr gut ein Fastentee.**

Schwarzwälder Pilzragout

FÜR 4 PERSONEN:

- 3–4 EL Butter oder Margarine
- 2 Zwiebeln
- 100 g Schwarzwälder Schinken
- 600 g frische Pilze
- 1 Schuß Weißwein
- 1 Tasse Gemüsebrühe
- Salz, Pfeffer aus der Mühle
- 1 Prise Muskat
- 4 EL Obstessig, 2–3 EL Honig
- 1 Bund Estragon

1. Die Butter erhitzen und die geschälten und fein gehackten Zwiebeln darin glasig schwitzen.

2. Den Schinken in feine Würfel oder Streifen schneiden, zu den Zwiebeln geben und kurz mitschwitzen.

3. Die Pilze putzen, kleinschneiden, zu den Schinkenzwiebeln geben und anbraten.

4. Mit Weißwein ablöschen, mit der Gemüsebrühe auffüllen. Mit Salz, Pfeffer, Muskat, Obstessig und Honig kräftig würzen und 5-6 Minuten köcheln lassen.

5. Den verlesenen, gewaschenen und fein geschnittenen Estragon unter die Pilze heben. Das Ganze anrichten, ausgarnieren und sofort servieren.

Arzneitee

Wildschweinkeule auf Waldpilzen

FÜR 4 PERSONEN:

- 1,5 kg Wildschweinkeule ohne Knochen
- Salz, Pfeffer aus der Mühle
- 1 EL geschrotete Pfefferkörner
- 1 EL geschrotete Wacholderbeeren
- Butterschmalz zum Braten
- 2 Zwiebeln
- 4 Karotten
- 1 Stück Sellerie
- 1/4 l Rotwein
- 1/4 l gebundene Wildsauce
- 1 Becher Sahne
- 2–3 EL Mehl
- 2 EL Johannisbeergelee
- 2–3 EL Obstessig
- 400 g frische Waldpilze
- 125 g Butterkäse in Scheiben
- Kräuterzweige zum Garnieren

1. Die küchenfertige Wildschweinkeule waschen, trockentupfen, mit Salz, Pfeffer, den geschroteten Pfefferkörnern und Wacholderbeeren kräftig einreiben.

2. Das Butterschmalz in einem Bräter erhitzen und das Fleisch darin rundherum Farbe annehmen lassen.

3. Die Zwiebeln, die Karotten, den Sellerie putzen, in Würfel schneiden, zum Fleisch geben und kurz mitbraten.

4. Das Ganze mit Rotwein ablöschen und mit der Wildsauce auffüllen. Im auf 180–200 °C vorgeheizten Backofen in 70–80 Minuten garen.

5. Die Sahne mit dem Mehl verrühren und unter die Sauce ziehen. Das Johannisbeergelee, den Obstessig und die geputzten und kleingeschnittenen Waldpilze ebenfalls dazugeben.

6. Das Fleisch mit der Sauce im offenen Bräter weitere 15 Minuten garen.

7. Nach Ende der Garzeit das Fleisch in Scheiben schneiden. Die Pilzsauce nochmals abschmecken und in eine Form geben. Die Fleischscheiben darauf legen.

8. Den Butterkäse auf dem Fleisch verteilen und das Ganze unter dem Grill kurz überbacken. Mit Kräuterzweigen ausgarnieren und sofort servieren.

Knoblauch-Shiitake-Pilze

FÜR 4 PERSONEN:

- 600 g Shiitake-Pilze
- 4 Schalotten
- 4-6 Knoblauchzehen
- 1 Tasse Olivenöl
- Salz, Pfeffer aus der Mühle
- 1 TL Fünf-Gewürz-Pulver
- 1 Prise Zucker
- einige Tropfen Zitronensaft
- einige Tropfen Sojasauce
- 1 Bund gelantro oder glatte Petersilie

1. Die Shiitake-Pilze verlesen, putzenund kleinschneiden.

2. Die Schalotten schälen, fein hacken. Die Knoblauchzehen schälen und in Scheiben schneiden.

3. Das Öl im Wok erhitzen. Pilze, Schalotten und Knoblauchzehen dazugeben und anbraten.

4. Die Pilze mit Salz, Pfeffer, Fünf-Gewürz-Pulver, Zucker, Zitronensaft und Sojasauce kräftig abschmecken und die verlesenen, gewaschenen und fein gehackten Kräuter unterziehen.

5. Die Knoblauch-Shiitake-Pilze dekorativ anrichten, ausgarnieren und sofort servieren.

6. Sehr gut passen die Knoblauch-Shiitake-Pilze zu einem fein gebratenen Schweinefilet in Limettensauce und gekräuterten Serviettenknödeln.

Zucchinipuffer mit Pilzrahm

FÜR 4 PERSONEN:

- 600 g Zucchini
- 2 Knoblauchzehen
- 1 Zwiebel
- 125 g Haferflocken
- 2–3 EL Weizenmehl
- 3 Eier
- Salz, Pfeffer aus der Mühle
- 1 Prise Muskat
- 1 Prise Cayennepfeffer
- einige Tropfen Zitronensaft
- Semmelbrösel zum Binden
- Butterschmalz zum Braten

Außerdem:

- 600 g frische Pilze
- Saft von 1 Zitrone
- 1 Zwiebel
- 2 Becher Sahne
- 1 Tasse gemischte, gehackte Kräuter (Estragon, Kerbel, Kresse, Petersilie)

1. Die Zucchini putzen, waschen und grob raspeln, in eine Schüssel geben.

2. Die Knoblauchzehen und die Zwiebel schälen, beides sehr fein hacken. Mit den Haferflocken, dem Weizenmehl und den Eiern zu den Zucchini geben und alles zu einem glatten Teig verarbeiten.

3. Die Masse mit Salz, Pfeffer, Muskat, Cayennepfeffer und Zitronensaft kräftig abschmecken und je nach Bedarf mit einigen Semmelbröseln binden.

4. Das Butterschmalz in einer Pfanne erhitzen, portionsweise die Zucchinimasse ins Fett geben, glatt drücken und auf beiden Seiten goldgelb braten.

5. Die Pilze verlesen, putzen, kleinschneiden, mit Zitronensaft beträufeln. Die geschälten und fein gehackten Zwiebeln mit den Pilzen in einer Pfanne mit wenig Fett unter ständigem Rühren braten.

6. Die Sahne angießen und bei starker Hitze kurz einreduzieren lassen.

7. Die verlesenen, gewaschenen und fein gehackten Kräuter untermischen. Die Pilze mit Salz, Pfeffer, Muskat und Zitronensaft würzen.

8. Die Zucchinipuffer anrichten, mit den Pilzen überziehen, ausgarnieren und sofort servieren.

Wildragout in Sauerkirsch-pilzsauce

FÜR 4 PERSONEN:

600 g Wildfleisch (Reh, Hirsch oder Hase)
1 EL geschrotete Pfefferkörner
1 EL geschrotete Wacholderbeeren
Salz, Pfeffer aus der Mühle
1 EL Majoran
Butterschmalz zum Braten
1 Zwiebel
2 Karotten
1 Stück Sellerie
2–3 EL Tomatenmark
2–3 EL Mehl
1/4 l Rotwein
1/4 l Gemüse- oder Wildbrühe
2–3 EL Kirschgelee
2–3 EL Obstessig
500 g frische Pilze
200 g Sauerkirschen

1. Das Wildfleisch waschen, trockentupfen, in mundgerechte Würfel schneiden. Mit den geschroteten Pfefferkörnern und Wacholderbeeren, mit Salz, Pfeffer und Majoran kräftig einreiben.

2. Das Butterschmalz in einem Bräter erhitzen und das Fleisch darin rundherum Farbe annehmen lassen.

3. Die Zwiebel, die Karotten und den Sellerie putzen, in feine Würfel schneiden, zum Fleisch geben und kurz mitbraten.

4. Das Tomatenmark unterrühren, mit Mehl bestauben und das Ganze kurz rösten.

5. Mit Rotwein ablöschen und mit der Gemüse- oder Wildbrühe auffüllen. Kirschgelee und Obstessig einrühren und bei mäßiger Hitze 60–70 Minuten schmoren lassen.

6. Anschließend das Fleisch aus der Sauce nehmen und die Sauce im Mixer oder mit dem Pürierstab pürieren.

7. Das Fleisch und die Sauce mit den geputzten, kleingeschnittenen Pilzen erneut in einem Topf zum Kochen bringen und weitere 5 Minuten köcheln lassen.

8. Anschließend die entsteinten Sauerkirschen unter die Sauce ziehen und einmal aufkochen lassen.

9. Das Wildragout nochmals abschmecken, anrichten, ausgarnieren und sofort servieren.

Cannelloni mit Pilzfüllung

FÜR 4 PERSONEN:

- 2–3 EL Olivenöl
- 250 g Rinderhack
- 1 Zwiebel, 1 Karotte
- 1 Stück Lauch, 250 g Egerlinge
- 2 Knoblauchzehen
- 2–3 EL Tomatenmark
- 1 EL Oregano, 1 EL Basilikum
- 1 Schuß Weißwein
- 1 kleine Dose geschälte Tomaten
- Salz, Pfeffer aus der Mühle
- 400 bißfest gegarte Cannellonihüllen
- 1/4 l Béchamelsauce (Fertigprodukt)
- 3–4 EL geriebener Parmesan
- 200 g Mozzarella

1. Das Öl erhitzen und das Rinderhack darin unter ständigem Rühren braten.

2. Die Zwiebel, die Karotte und den Lauch putzen, in Würfel schneiden, zum Fleisch geben und anbraten.

3. Die Egerlinge in Würfel schneiden. Mit den fein gehackten Knoblauchzehen zum Fleisch geben und kurz mitbraten.

4. Das Tomatenmark einrühren. Mit Oregano und Basilikum würzen und mit Weißwein ablöschen. Die Tomaten unterziehen und 10 Minuten schmoren lassen.

5. Die Füllung mit Salz und Pfeffer würzen und in die vorbereiteten Cannellonihüllen füllen.

6. Eine feuerfeste Form ausfetten, die Cannellonirollen einsetzen. Die Béchamelsauce mit dem Parmesan vermischen, mit der Fleischsauce auf den Cannellonihüllen verteilen.

7. Die Mozzarellascheiben über die Cannelloni verteilen und im auf 200 °C vorgeheizten Backofen in 20 Minuten garen.

8. Die Cannelloni heraus-

Pilzlasagne

FÜR 4 PERSONEN:

- 300 g Lasagneplatten
- Salzwasser, 1–2 EL Olivenöl
- 2–3 EL Butter
- 1 Zwiebel
- 100 g gekochter Schinken
- 500 g frische Pilze
- Saft von 1 Zitrone
- 1 Schuß Weißwein
- 1/2 l Béchamelsauce (Fertigprodukt)
- Salz, Pfeffer aus der Mühle
- 1 Prise Muskat
- einige Tropfen Worcestersauce
- 1 Tasse gehackte Kräuter
- 5 Tomaten
- 250 g Mozzarella

1. Die Lasagneplatten im Salzwasser mit dem Öl bißfest garen, abgießen, abschrecken, abtropfen lassen und bereitstellen.

2. Die Butter erhitzen und die fein gehackte Zwiebel anschwitzen. Den Schinken in Würfel schneiden, dazugeben und mitschwitzen.

3. Die Pilze kleinschneiden, mit Zitronensaft beträufeln, zum Schinken geben, mit Weißwein ablöschen und 5 Minuten dünsten.

4. Die Béchamelsauce nach Anweisung zubereiten und bereitstellen. Die Pilze mit Salz, Pfeffer, Muskat und Worcestersauce abschmecken und die Kräuter unterziehen.

5. Die Tomaten enthäuten, den Strunk herausschneiden und das Fruchtfleisch in Scheiben schneiden.

6. In eine Lasagneform schichtweise die Lasagneplatten, die Tomaten, die Pilze und die Béchamelsauce geben, mit Mozzarellascheiben abdecken und im Backofen bei 200 °C 20 Minuten backen. Herausnehmen, anrichten, ausgarnieren und servieren.

Hirschgulasch mit Stockschwämmchen

FÜR 4 PERSONEN:

800 g Hirschgulasch
Salz, Pfeffer aus der Mühle
1 TL Thymian
1 EL Majoran
Butterschmalz zum Braten
1 Zwiebel
2 Karotten
1 Stück Sellerie
2–3 EL Tomatenmark
3/4 l Rotwein
1 Becher Sahne
3–4 EL Mehl
400 g Stockschwämmchen
3–4 EL Preiselbeermarmelade
2–3 EL Obstessig
1 Becher Crème fraîche

1. Das Hirschgulasch waschen, trockentupfen. Mit Salz, Pfeffer, Thymian und Majoran kräftig würzen.

2. Das Butterschmalz in einem Topf erhitzen und das Fleisch darin unter ständigem Rühren braten.

3. Die Zwiebel, die Karotten und den Sellerie putzen, in Würfel schneiden, zum Fleisch geben und kurz mitbraten.

4. Das Tomatenmark einrühren, kurz rösten, mit Rotwein auffüllen und im auf 200 °C vorgeheizten Backofen zugedeckt 75 Minuten schmoren lassen.

5. Anschließend das Fleisch aus der Sauce nehmen. Die Sauce im Mixer oder mit dem Pürierstab pürieren, mit dem Fleisch erneut erhitzen.

6. Die Sahne mit dem Mehl verrühren. Die geputzten Stockschwämmchen je nach Bedarf kleinschneiden, mit der Sahne unter die Sauce rühren und weitere 15 Minuten im offenen Topf garen.

7. Nach Ende der Garzeit die Preiselbeermarmelade, den Obstessig und die Crème fraîche einrühren, erhitzen, nochmals kräftig abschmecken, dekorativ anrichten, ausgarnieren. Mit Preiselbeerpfirsichen und bunten Specknudeln servieren.

Geschnetzeltes mit Maronen

FÜR 4 PERSONEN:

600 g Wildfilet
1 EL Majoran
1 TL Thymian
Pfeffer aus der Mühle
Butterschmalz zum Braten
Salz
4 cl Weinbrand
1 Zwiebel
500 g Maronen oder andere Pilze
Saft von 1 Zitrone
1 Schuß Rotwein
1/4 l gebundene Wildsauce
1 Becher Sahne
1 Tasse gemischte, gehackte Kräuter (Salbei, Rosmarin, Oregano, Estragon)
2–3 EL Johannisbeergelee

1. Das küchenfertige Wildfilet unter fließendem Wasser waschen, trockentupfen. In mundgerechte Würfel oder Streifen schneiden. Mit Majoran, Thymian und Pfeffer kräftig würzen.

2. Das Butterschmalz in einer Pfanne erhitzen und das Fleisch darin unter ständigem Rühren braten. Anschließend salzen und mit Weinbrand flambieren, herausnehmen und bereitstellen.

3. Die Zwiebel schälen, fein hacken, im verbliebenen Bratfett glasig schwitzen.

4. Die Maronen putzen, in Scheiben schneiden, mit Zitronensaft beträufeln, zu den Zwiebeln geben und kurz mitbraten.

5. Mit Rotwein ablöschen, mit der Wildsauce und der Sahne auffüllen und zur Sauce verkochen.

6. Die verlesenen, gewaschenen und fein gehackten Kräuter mit den Filetstreifen unter die Sauce ziehen, das Johannisbeergelee dazugeben. Das Ganze nochmals erhitzen, aber nicht kochen lassen.

7. Das Geschnetzelte erneut abschmecken, dekorativ anrichten, ausgarnieren und sofort servieren.

Unser Tip:

⇨ **Dieses Rezept ist sehr gut geeignet für die Zugabe von frischen oder getrockneten Morcheln.**

Filet mit Champignon-Zwiebel-Gemüse

FÜR 4 PERSONEN:

- 600 g Schweinefilet
- 1 Tasse Sojasauce
- 1 EL Fünf-Gewürz-Pulver
- Salz, Pfeffer aus der Mühle
- Sojaöl zum Braten
- 4 cl Weinbrand
- 2-3 EL Honig
- 1 Bund Frühlingszwiebeln
- 1-2 rote Pfefferschoten
- 500 g kleine Champignons oder andere Pilze
- Saft von 1 Zitrone
- 1 Schuß Weißwein
- 1 Tasse Gemüse- oder Fleischbrühe

1. Das Filet waschen, trockentupfen, in Scheiben schneiden.

2. Die Sojasauce mit dem Fünf-Gewürz-Pulver verrühren, mit Salz und Pfeffer würzen. Das Filet damit bestreichen und mindestens 2 Stunden ziehen lassen.

3. Für die Zubereitung, das Sojaöl erhitzen und die Schweinefiletscheiben darin braten. Mit Weinbrand flambieren und mit Honig bestreichen, herausnehmen und bereitstellen.

4. Die Frühlingszwiebeln putzen, in Stücke schneiden, ins verbliebene Bratfett geben und anbraten.

5. Die Pfefferschoten halbieren, entkernen, in Scheiben schneiden und untermischen.

6. Die Champignons putzen, in Scheiben schneiden, mit Zitronensaft beträufeln, zu den Zwiebeln geben und kurz mitbraten.

7. Mit Weißwein ablöschen, mit der Brühe auffüllen und 5 Minuten dünsten.

8. Die Schweinefiletscheiben zum Gemüse geben, kurz erhitzen, aber nicht mehr kochen lassen, nochmals abschmecken, anrichten, ausgarnieren und sofort servieren.

Gespicktes Filet in Morchelrahm

FÜR 4 PERSONEN:

- 4 Kalbs- oder Schweinefilets à 200 g
- 100 g Emmentaler
- Salz, Pfeffer aus der Mühle
- Butterschmalz zum Braten
- 4 cl Weinbrand
- 1 Zwiebel
- 250 g frische oder eingeweichte Morcheln
- 3/8 l gebundene Bratensauce
- 1 Becher saure Sahne
- 1 Bund Estragon

1. Die Filets waschen, trockentupfen. Den Emmentaler in dicke Stifte schneiden und die Filets damit spicken.

2. Die Filets mit Salz und Pfeffer würzen. Schmalz erhitzen und die Filets darin braten. Die Filets mit Weinbrand flambieren, herausnehmen und warm stellen.

3. Die fein gehackte Zwiebel im verbliebenen Bratfett glasig schwitzen. Die Morcheln kleinschneiden, zu den Zwiebeln geben und kurz mitbraten.

4. Die gebundene Bratensauce angießen und das Ganze bei mäßiger Hitze 4–5 Minuten köcheln lassen.

5. Die saure Sahne unter die Sauce ziehen, mit Salz und Pfeffer würzen. Den verlesenen, gewaschenen und fein geschnittenen Estragon unter die Sauce rühren.

6. Die Filets anrichten, mit der Morchelrahmsauce überziehen, ausgarnieren und sofort servieren.

Berliner Kotelett

FÜR 4 PERSONEN:

- 4 große Schweinekoteletts
- Salz, Pfeffer aus der Mühle
- 200 g Steinpilze oder Champignons
- 1 Zwiebel, 2 Eier
- 1 Tasse gemischte, gehackte Kräuter (Estragon, Dill, Petersilie)
- Butterschmalz zum Braten
- 250 g Pfifferlinge oder andere Pilze
- 1–2 EL grüne Pfefferkörner
- 3/8 l gebundene Bratensauce
- 1/2 Becher Crème fraîche
- 2–3 EL mittelscharfer Senf
- einige Tropfen Weinbrand
- 1 Prise Zucker

1. Die Schweinekoteletts waschen, trockentupfen und eine große Tasche einschneiden.

2. Das Fleisch salzen und pfeffern. Für die Füllung, die Pilze putzen und hacken.

3. Die Zwiebel fein hacken. Mit den Eiern und den fein gehackten Kräutern unter die Pilze mischen. Mit Salz und Pfeffer würzen.

4. Die Masse in die Koteletts füllen. Schmalz erhitzen und die Koteletts darin braten. In den auf 200 °C vorgeheizten Backofen schieben und in 15 Minuten garen.

5. In der Zwischenzeit etwas Butterschmalz erhitzen. Die geputzten und je nach Bedarf kleingeschnittenen Pilze mit den grünen Pfefferkörnern anschwitzen.

6. Die Bratensauce und die Crème fraîche angießen und das Ganze 5 Minuten köcheln lassen.

7. Die Pilze mit Senf, Weinbrand, Salz, Pfeffer und Zucker abschmecken.

8. Die Berliner Koteletts dekorativ anrichten, mit der Pfeffer-Pilz-Sauce überziehen, ausgarnieren und sofort servieren.

Deftiger Pilzauflauf

FÜR 4 PERSONEN:

- 2–3 EL Butterschmalz
- 400 g Hackfleisch
- 1 Zwiebel, 2 Karotten
- 1 Tasse Gemüsebrühe
- 2 Zucchini, 500 g frische Pilze
- Saft von 1 Zitrone
- 1 große Dose geschälte Tomaten
- 500 g bißfest gegarte Nudeln
- Salz, Pfeffer aus der Mühle
- 1 Prise Muskat
- 1 Prise Cayennepfeffer
- 1 Bund Oregano
- 1 Bund Basilikum
- 200 g Mozzarella
- Kräuter (Estragon, Kerbel, Kresse, Petersilie)

1. Das Butterschmalz erhitzen und das Hackfleisch darin unter ständigem Rühren braten.

2. Die Zwiebel und die Karotten in Würfel schneiden, zum Fleisch geben und mitbraten. Die Brühe angießen und 10 Minuten dünsten.

3. Die Zucchini putzen und in Würfel schneiden. Die Pilze kleinschneiden, mit Zitronensaft beträufeln, mit den Zucchini zum Fleisch geben und kurz mitgaren.

4. Die geschälten Tomaten mit einer Gabel zerdrücken, zum Fleisch geben und alles kräftig erhitzen.

6. Die bißfest gegarten Nudeln unterheben, mit Salz, Pfeffer, Muskat und Cayennepfeffer abschmekken und die fein gehackten Kräuter untermischen.

7. Das Gemüse mit den Nudeln in eine ausgefettete Auflaufform geben, mit dem in Scheiben geschnittenen Käse belegen. Im auf 200 °C vorgeheizten Backofen überbacken.

8. Den Pilzauflauf herausnehmen, ausgarnieren und sofort servieren.

Rotbarbenfilets auf Champignons

FÜR 4 PERSONEN:

- 4 Rotbarbenfilets à 200 g
- einige Tropfen Zitronensaft
- einige Tropfen Worcestersauce
- Salz, Pfeffer aus der Mühle
- Butter zum Braten
- 250 g Champignons
- 100 g Kirschtomaten
- 4 Tomaten
- 1 Bund Frühlingszwiebeln
- 1 Knoblauchzehe
- Kräuterzweige zum Garnieren

1. Die Rotbarbenfilets waschen, trockentupfen, mit Zitronensaft und Worcestersauce beträufeln, mit Salz und Pfeffer würzen. Im Kühlschrank 15 Minuten ziehen lassen.

2. Die Champignons putzen, vierteln oder halbieren, mit Zitronensaft beträufeln.

3. Von den Tomaten den Strunk entfernen und zusammen mit den Kirschtomaten kurz blanchieren, abschrecken und enthäuten.

4. Die Tomaten vierteln und das Kerngehäuse entfernen. Die Frühlingszwiebeln putzen, waschen und in Stücke schneiden.

5. Etwas Butter erhitzen, die Champignons, die mit Salz zerriebene Knoblauchzehe und die Frühlingszwiebeln dazugeben und kurz braten.

6. Zum Schluß die Kirschtomaten und die Tomatenviertel dazugeben, durchschwenken, erhitzen. Mit Salz, Pfeffer, Zitronensaft und Worcestersauce abschmecken.

7. Butter in einer Pfanne erhitzen und die Rotbarbenfilets darin braten.

8. Die Rotbarbenfilets mit dem Champignon-Tomaten-Gemüse dekorativ anrichten, mit Kräuterzweigen ausgarnieren und servieren.

Lachsfilet auf Pilzgemüse

FÜR 4 PERSONEN:

- 4 küchenfertige Lachsfilets
- einige Tropfen Zitronensaft
- einige Tropfen Worcestersauce
- Salz, Pfeffer aus der Mühle
- 2-3 EL Butter oder Margarine
- 1 Zwiebel
- 1 Stück Staudensellerie
- 400 g frische Pilze
- Saft von 1 Zitrone
- 4 Pfirsichhälften
- 1 Glas Weißwein
- 1 Tasse Gemüsebrühe
- 1 Becher Crème fraîche
- 4 Portionen bißfest gegarte Bandnudeln
- Kräuterzweige zum Garnieren

1. Die Lachsfilets waschen, trockentupfen. Mit Zitronensaft und Worcestersauce beträufeln, mit Salz und Pfeffer würzen und 15 Minuten ziehen lassen.

2. Die Butter erhitzen und die fein gehackte Zwiebel darin glasig schwitzen.

3. Den Staudensellerie putzen, kleinschneiden, zu den Zwiebeln geben und kurz mitschwitzen.

4. Die Pilze verlesen, putzen, kleinschneiden, mit Zitronensaft beträufeln, zum Gemüse geben und ebenfalls kurz mitschwitzen.

5. Die Pfirsichhälften kleinschneiden, untermischen. Mit Weißwein ablöschen und mit der Brühe auffüllen.

6. Die Crème fraîche einrühren. Das Ganze mit Salz, Pfeffer, Zitronensaft und Worcestersauce abschmekken.

7. Die Lachsfiletscheiben auf das Gemüse setzen und im auf 200 °C vorgeheizten Backofen 20 Minuten garen.

8. Die erhitzten Bandnudeln anrichten, mit dem Gemüse und den Lachsfilets überziehen. Mit Kräuterzweigen garnieren und servieren.

Kabeljaufilets mit Pilzen

FÜR 4 PERSONEN:

- 4 küchenfertige Kabeljaufilets
- einige Tropfen Zitronensaft
- einige Tropfen Worcestersauce
- Salz, Pfeffer aus der Mühle
- 2-3 EL Butter oder Margarine
- 100 g durchwachsener, geräucherter Speck
- 1 Zwiebel, 500 g frische Pilze
- Saft von 1 Orange
- 2–3 EL Dijon-Senf
- 1–2 EL Honig
- 2–3 EL Obstessig
- 1 Tasse Gemüsebrühe
- 1 Tasse gemischte, gehackte Kräuter (Oregano, Basilikum, Estragon, Dill, Kresse, Petersilie)
- 4 Eier

1. Die Kabeljaufilets unter fließendem Wasser waschen, trockentupfen. Mit Zitronensaft und Worcestersauce beträufeln, mit Salz und Pfeffer würzen. Im Kühlschrank 10-15 Minuten ziehen lassen.

2. Die Butter erhitzen und den in Würfel geschnittenen Speck darin auslassen.

3. Die Zwiebel schälen, fein hacken, zum Speck geben und kurz mitschwitzen.

4. Die Pilze verlesen, putzen, kleinschneiden, zu den Speckzwiebeln geben und kurz mitschwitzen.

5. Den Orangensaft, den Dijon-Senf, den Honig, den Essig und die Brühe untermischen. Die Kabeljaufilets obenauf setzen und im auf 200 °C vorgeheizten Backofen 20 Minuten garen.

6. In der Zwischenzeit die Kräuter verlesen, waschen und fein hacken. Ganz zum Schluß die Eier zu Spiegeleiern braten.

7. Die Kabeljaufilets mit den Pilzen anrichten, je ein Spiegelei obenauf setzen, mit gehackten Kräutern bestreuen, ausgarnieren und sofort servieren.

RHEINPFALZ
1991er
Burgunder

Gebratene Forelle mit Pilzgemüse

FÜR 4 PERSONEN:

- 4 küchenfertige Forellen
- einige Tropfen Zitronensaft
- einige Tropfen Worcestersauce
- einige Tropfen Obstessig
- Salz, Pfeffer aus der Mühle
- Kräuterzweige zum Füllen (Dill, Petersilie, Schnittlauch)
- Butter zum Braten
- 4 Zwiebeln, 500 g frische Pilze
- Saft von 1 Zitrone
- 1 Schuß Weißwein
- 1 Tasse gemischte, gehackte Kräuter
- 1 Prise Muskat
- 1 Prise Cayennepfeffer

1. Die Forellen mit Zitronensaft und Worcestersauce beträufeln, mit Salz und Pfeffer innen und außen würzen und mit Kräuterzweigen füllen.

2. Die Butter in einem Bräter erhitzen und die Forellen darin auf beiden Seiten Farbe annehmen lassen.

3. Die Zwiebeln schälen, etwas Butter erhitzen, die Zwiebeln fein hacken und im Fett glasig schwitzen.

4. Die Pilze kleinschneiden, mit Zitronensaft beträufeln, zu den Zwiebeln geben und kurz mitschwitzen.

5. Mit Weißwein ablöschen und gleichmäßig um die Forellen verteilen.

6. Die Forellen in den auf 200 °C vorgeheizten Backofen in 15 Minuten garen. Die Forellen anrichten. Die Pilze mit den fein gehackten Kräutern vermischen. Mit Salz, Pfeffer, Muskat, Cayennepfeffer, Zitronensaft und Worcestersauce abschmecken und dazugeben.

8. Die Forellen ausgarnieren, gebratene Zucchinischeiben und Grilltomaten dazu legen und servieren.

Fischfilets auf Zitronenpilzen

FÜR 4 PERSONEN:

- 8 Fischfilets à 100 g
- einige Tropfen Zitronensaft
- einige Tropfen Worcestersauce
- Salz, Pfeffer aus der Mühle
- 3-4 EL Kräutersenf
- Mehl zum Wenden
- Butter zum Braten

Außerdem:

- 1 Zwiebel
- 1 Stange Lauch
- 500 g frische Pilze
- 1 Schuß Weißwein
- Saft von 2 Zitronen
- 200 g Mandarinenfilets
- 1 Becher Sahne
- 1 Bund Zitronenmelisse

1. Die Fischfilets waschen, trockentupfen. Mit Zitronensaft und Worcestersauce beträufeln, mit Salz und Pfeffer würzen und 10 Minuten ziehen lassen.

2. Die Fischfilets mit Kräutersenf bestreichen, in Mehl wenden. Butter erhitzen und die Filets darin braten, herausnehmen und warm stellen.

3. Die Zwiebel fein hacken, ins verbliebene Bratfett geben und glasig schwitzen.

4. Den Lauch putzen, in Streifen schneiden, zu den Zwiebeln geben und kurz mitschwitzen.

5. Die Pilze kleinschneiden, zum Gemüse geben und kurz mitbraten.

6. Mit Weißwein ablöschen und den Zitronensaft angießen und kurz dünsten.

7. Die Mandarinenfilets mit der Sahne zu den Pilzen geben, einmal aufkochen lassen und mit Salz, Pfeffer, Zitronensaft und Worcestersauce abschmecken. Die fein geschnittene Zitronenmelisse unter die Pilze ziehen.

8. Die Fischfilets anrichten, mit den Zitronenpilzen überziehen, ausgarnieren und servieren.

Seezunge mit Austernpilzgemüse

FÜR 4 PERSONEN:

12 Seezungenfilets à 80 g
einige Tropfen Zitronensaft
einige Tropfen Worcestersauce
Salz, Pfeffer aus der Mühle
Mehl zum Wenden
Butter oder Margarine zum Braten
Außerdem:
2–3 EL Walnußkernöl
75 g durchwachsener, geräucherter Speck
1 Zwiebel
250 g Austernpilze
250 g Tomaten
1 Tasse gemischte, gehackte Kräuter (Oregano, Basilikum, Dill, Petersilie)
Außerdem:
400 g Austernpilze
1 Tasse Orangensaft
2–3 EL mittelscharfer Senf
1–2 EL Honig
1 Schuß Weißwein
4 cl Orangenlikör

1. Die küchenfertigen Seezungenfilets waschen, trockentupfen. Mit Zitronensaft und Worcestersauce beträufeln, mit Salz und Pfeffer würzen. Im Kühlschrank 15 Minuten ziehen lassen.

2. Die Seezungenfilets anschließend im Mehl wenden. Butter oder Margarine in einer Pfanne erhitzen und die Filets darin braten, herausnehmen und warm stellen.

3. Das Walnußöl ins verbliebene Bratfett geben und den in feine Würfel geschnittenen Speck darin auslassen.

4. Die Zwiebel schälen, fein hacken, zum Speck geben und kurz mitschwitzen.

5. Die Austernpilze putzen, in feine Würfel schneiden, zur Zwiebel geben und kurz mitschwitzen.

6. Die Tomaten enthäuten, entkernen, ebenfalls würfeln, zu den Pilzen geben und unter ständigem Rühren kurz mitbraten.

7. Die verlesenen, gewaschenen und fein gehackten Kräuter untermischen. Das Ganze mit Zitronensaft, Worcestersauce, Salz und Pfeffer würzen.

8. Die restlichen Austernpilze putzen, Butter oder Margarine in einer Pfanne erhitzen und die Pilze darin braten.

9. Die Pilze mit Orangensaft, Senf, Honig, Weißwein, Orangenlikör, Salz, Pfeffer und Zitronensaft kräftig würzen.

10. Die gebratenen Austernpilze mit den Seezungenfilets dekorativ anrichten, mit der Tomaten-Austernpilz-Sauce überziehen, ausgarnieren und sofort servieren.

Unser Tip:

⇨ **Für dieses Rezept eignen sich ganz besonders gut frische Steinpilze.**

Wir danken für die freundliche Unterstützung der Firmen:

Bad Heilbrunner: 97
Deutsche Champignons: 15, 35, 39, 43, 115
Deutscher Käse: 53, 81
Deutsches Teigwareninstitut: 57
Du darfst: 37, 77
Milkana: 95
Zott: 45

Die Ratschläge in diesem Buch sind vom Verlag sorgfältig erwogen und geprüft, dennoch kann eine Garantie nicht übernommen werden. Eine Haftung des Verlags für Personen-, Sach- und Vermögensschäden ist ausgeschlossen.

Genehmigte Lizenzausgabe 1997 für VPM
Verlagsunion Pabel Moewig KG, Rastatt

Druck und Bindung: Printer Portuguesa
Printed in Portugal 1997

ISBN 3-8118-1341-2